投资大师讲的
理财课

刘俊义　董芳◎著

黑龙江教育出版社

图书在版编目（CIP）数据

投资大师讲的理财课 / 刘俊义, 董芳著. –– 哈尔滨:
黑龙江教育出版社, 2017.7
（读美文库）
ISBN 978-7-5316-9519-6

Ⅰ.①投… Ⅱ.①刘… ②董… Ⅲ.①私人投资—通
俗读物 Ⅳ.①F830.59-49

中国版本图书馆CIP数据核字（2017）第184430号

投资大师讲的理财课
Touzi Dashi Jiangde Licaike

刘俊义　董　芳 **著**

责任编辑	徐永进
装帧设计	MM末末美书
责任校对	张铁男
出版发行	黑龙江教育出版社
	（哈尔滨市南岗区花园街158号）
印　　刷	天津安泰印刷有限公司
开　　本	880毫米×1230毫米　1/32
印　　张	7
字　　数	140千
版　　次	2017年11月第1版
印　　次	2017年11月第1次印刷

书　　号	ISBN 978-7-5316-9519-6	**定　价**	26.80元

黑龙江教育出版社网址：www.hljep.com.cn
如需订购图书，请与我社发行中心联系。联系电话：0451-82533097　82534665
如有印装质量问题，影响阅读，请与我公司联系调换。联系电话：010-64926437
如发现盗版图书，请向我社举报。举报电话：0451-82533087

前　言

中产阶级如何保护你的财富

数年打拼，终于有房、有车，步入中产阶级，你一定是如释重负吧？大部分人的理财目标是拥有一套属于自己的房子，终极目标也是为子女准备婚房，可是，又有多少人意识到，子女教育及退休生活所需的费用，其实要多过买好几套房子的价钱？

养育一个孩子直到他结婚前，以如今物价水平来计算，直接成本高达40万元，考虑到高等教育费用将持续上涨以及子女的海外留学愿望，准备100万也不稀奇；另外，假如你目前35岁，打算60岁退休后和老伴过着和现在水准差不多的生活（相当于家庭每月现值5 000元生活费的水平），以平均年通胀率5%、预期寿命85岁计算，你在60岁时需要准备有508万元！这样一算，你至少需要准备三套房子的财富！第一套房子供自己和家人居住，第二套房子的财富可用来供孩子上学，第三套则是用来为退休生活做准备。

大部分人都低估了自己对财富的需求，满足于当下的衣食不愁，而对中长期的子女教育、养老等问题则考虑不多。其实，为这些中长期计划需要储备的金额绝对不是一个小数目，累积财富，刻不容缓。

不仅如此，即使你幸运地拥有一大笔钱，你也得考虑到通货膨胀的问题。乘一部下行的自动扶梯，只有以高于扶梯下行的速度向上走，你才能走得上去。考虑到通货膨胀，你的财富其实也在乘一部下行的自动扶梯，只有财富的增值速度超越通货膨胀率，你的财富才能得到保障。

如果你借给我100元，而我只还95元，你或许并不介意，毕竟只少了5元钱；可是，每次你借钱给人，别人都打九五折还给你，你一定会跳起来，不是吗？

那么，你有没有意识到，由于通货膨胀的存在，你的购买力也是在持续缩水的。一年5%的通胀率也许不是什么大事，但是30年持续5%的通胀率会对资产的实际价值产生重大的影响。还记得20世纪80年代的"万元户"吗？那个年代，拥有1万元简直就是家庭拥有巨额财富的代名词，普通人可望而不可即。可是到了今天，1万元可能只是你一两个月的薪水而已……如果以年通胀率5%计算，你今天的100万元10年后实际价值将变成61.39万元，你白白损失了近40%！30年后呢，你损失了77%，100万元变成了23.14万元，近80万元白白蒸发！

中产阶级如何保护自己的财富？光靠勤奋工作是远远不够的，还要通过投资理财，让钱生钱，才可能获得超过通胀率的回报。可以说，理财课是我们现代人必须补修的一门必修课。

古人在《钱神论》里说："钱之为言泉也，无远不往，无幽不至……钱之所佑，吉无不利……危可使安，死可使活，贵可使贱，生可使杀。"绝大部分的人都为钱所困，只有大约5%的人能真正自由支配自己的财务计划。

怎样让自己成为5%的财务自由者？愿本书给你一点启示。这里没有枯燥难懂的理论知识，有的是一个个贴近生活的理财讲解，感觉就像与理财大师在进行心灵的沟通，通过一个个在理财过程中经常遇到的问题，向你展示大师的智慧。

不是每个人都能成为理财高手，但高手肯定是在不断地尝试中训练出来的。只有你一生理财，财才会理你一生。在相对的时空里，理财越早越好。一个30岁的年轻人现在投入10万元，平均每年保持10%的收益率，此后不再追加投资，但所得利息全部投入，10年后他将拥有25.94万元，到70岁时最终拥有453万元。而假如他到35岁才开始理财，以上条件不变，同样到70岁，他才有281万元。晚5年理财，最终收入相差却达172万元，这就是时间的威力。越到后来，财富增长越快。

未来渺茫虚幻，难以掌控，只有当下是真实的。如果你还在为未来的生活观望等待，憧憬梦幻，那么你需要从梦想中猛醒过来了，为今天和未来的生活做好打算安排。一寸光阴一寸金。有时晚几年行动，可能要让你追一辈子。为了幸福未来，从现在就行动吧！

目　录

01　理财观念课

想明白，树立正确的理财观

02　财富储备课

作好储备，没有后顾之忧

03　财富创造课

不光节流，更要学会开源

04 财富风险课

暴利、骗局，风险和收益并存

05 巴菲特股票投资课

永远不要赔钱

06 巴菲特选股原则课

选择一流股票的圣经

07　索罗斯基金投资课
让钱生钱成为可能

08　索罗斯基金价值评估课
增值是唯一目的

09　家庭理财技巧课
除了投资，还要做好规划

10　犹太人的投资理财课

富过三代的秘密

11　巴比伦富翁的理财课

实现财务自由的七条守则

01　理财观念课
想明白，树立正确的理财观

　　树立正确的理财观，能够帮助你更好地进行理财，要懂得只有你一生理财，财才能理你一生的道理，要把理财进行到底；还要懂得在理财过程中，收益与风险是并存的，不要贪心，不要沦为金钱的奴隶；要根据自己的能力来判断是自己制定理财计划还是请教专家；面对财富一定要保持理性的头脑，不要盲目跟风，这样往往会吃亏，一定要看准了再下手。

你一生理财，财才能理你一生

无论你是给人打工还是自己创业，无论你是做公司白领还是管理一个企业，无论你是从事什么职业，小到生活细节，大到职业事业，你都必须时刻注意自己的财务状况，时刻注意理财并且养成良好的理财习惯。

人们要非常清晰地明白自己的理财目标，或者说是你生活的意义和生活的理想，或者说是你想达到什么样的财务目标。一个人只有知道自己需要什么追求什么的时候，才能确定自己要怎么做，所以要想过上富裕的生活，就要懂得理财，就要学会理财。

理财不是一段时期的事情，理财应该贯穿一个人的一生，要知道只有你一生理财，财才能理你一生。根据美国生涯规划专家雪莉博士在其名著《开创你生涯各阶段的财富策略》中的建议，个人的理财生涯规划应该是：4岁开始不早，60岁开始也不迟。

4岁至9岁——学习掌握理财的最基本知识，包括消费、储蓄、给予，并进行尝试。

10岁至19岁——学习掌握并开始逐渐养成良好的理财习惯。除了上一阶段的消费、储蓄、给予之外，还增加了学习使用信用卡和借款的课题。

20岁至29岁——建立并实践成人的理财方式。除了消费、储蓄、给予之外，你可能准备购买第一辆汽车、第一所房子。你应该开始把收入的4%节省下来，为养老投资。如果你已结婚并育有小宝宝，你需要购买人寿保险，并开始为孩子的教育费用进行投资。

30岁至39岁——可能准备购买一套更大的住房、一辆高级轿车与舒适的家具。继续为子女的教育费用投资，同时把收入的10%节省下来，为养老金投资。别忘记购买人寿保险，并向孩子传授理财的知识。

40岁至49岁——实行把收入的12%~30%节省下来为养老金投资。这时，你的孩子可能已经进入大学，正在使用你们储蓄的教育费。

50岁至59岁——切实把收入的15%~50%节省下来为养老金投资，你可能开始更多地关心你的年老父母，开始认真地为退休作进一步决策。

60岁之后——向保本项目、收益型和增长型的项目投资。你可能会从事非全日制工作，可能继续寻找充实自己的机会。

理财是一辈子的事情，每个阶段有每个阶段的内容，只有把理财进行到底，自己才能成为财富支配者。有的朋友常常误解，认为理财就是生财，就是投资赚钱。然而这种狭隘的理财观念并不能达到理财的最终目的。理财是善用钱财，使个人以及家庭的财务状况处于最佳状态。对于钱不多的家庭来说，顺利的学业、美满的婚姻、悠闲的晚年，是多数人追求的目标。如何实现这些生活目标，金钱往往扮演着重要的角色。如何有效地利用每一分钱，如何及时地把握每一个投资机会，便是理财所要解决的。理财的诀窍是开源、节流，争取资金收入。理财不只是为了发财，而是为了丰富生活内涵。成功的理财可以增加收入，可以减少不必要的支出，可以改善个人或家庭的生活水平，享有宽裕的经济能力，可以储备未来的养老所需。所以，从今天开始就要认识理财，让理财伴随你的一生。

理财应该主要从以下几方面着手：

（1）投资规划。投资是指投资者运用自己拥有的资本，用来购买实物资产或者金融资产，或者取得这些资产的权利。目的是在一定时期内获得资产增值和一定的收入预期。我们一般把投资分为实物投资和金融投资。

实物投资一般包括对有形资产，例如土地、机器、厂房等的投资。

金融投资包括对各种金融工具，例如股票、固定收益证券、金融信托、基金产品、黄金、外汇和金融衍生品等的投资。

（2）居住规划。"衣食住行"是人最基本的四大需要，其中"住"是投入最大、周期最长的一项投资。房子给人一种稳定的感觉，有了自己的房子，才感觉自己在社会上真正有了一个属于自己的家。买房子是人生的一件大事，很多人辛苦一辈了就是为了拥有一套自己的房子。买房前首期的资金筹备与买房后贷款偿还的负担，对于家庭的现金流量及以后的生活水平的影响可以延长到十几年甚至几十年。

（3）教育投资规划。一定要对人力资本、对教育进行投资，它带来的回报是强有力的。早在20世纪60年代，就有经济学家把家庭对子女的培养看作是一种经济行为，即在子女成长初期，家长将财富用在其成长上，使之能够获得良好的教育。当子女成年以后，可获得的收益远大于当年家长投入的财富。1963年，舒尔茨运用美国1929~1957年的统计资料，计算出各级教育投资的平均收益率为173%，教育对国民经济增长的贡献率为33%。在一般情况下，受过良好教育者，无论在收入或是地位上，确实高于没有受过良好教育的同龄人。从这个角度看，教育投资是个人财务规划中最具有回报价值的一种，它几乎没有任何负面的效应。

（4）个人风险管理和保险规划。保险是财务安全规划的主要工具之一，因为保险在所有财务工具中最具防御性。

（5）个人税务筹划。个人税务筹划是指纳税行为发生以前，在不违反法律、法规的前提下，通过对纳税主体的经营活动或投资行为等涉税事项作出事先安排，以达到少缴税和递延纳税目标的一系列筹划活动。

（6）退休计划。当代发达的医疗科学技术和极为丰富的物质文明带给人类的最大好处，是人类的健康与长寿。目前中国人已经把"人生七十古来稀"变成了"七十不老，八十正好"。美国人则喜欢用"金色的年华"来形容退休后的生活。如何过一个幸福、安全和自在的晚年呢？这就需要较早地进行退休规划。可以选择银行存款、购买债券、基金定投、购买股票或者购买保险等以获得收益。

（7）遗产规划。遗产规划是将个人财产从一代人转移给另一代人，从而实现个人为其家庭所确定的目标而进行的一种合理财产安排。

遗产规划的主要目标是帮助投资者高效率地管理遗产，并将遗产顺利地转移到受益人的手中。

收益与风险是孪生兄弟

　　说到理财投资，就要提及风险和收益。投资的目的是为了获得收益，收益是通过投资获得的、超出投资本金的钱，也就是我们通常所说赚来的钱。在很多情况下，比如投资股票和不动产，收益的获得具有不确定性，也就是说投资的结果可能是赚钱，也可能不亏不赚，还可能亏本，这种收益获得的不确定性我们称之为风险。

　　投资的风险来源于两个方面：一方面的风险是投资产品本身价格的波动，如股票价格的涨跌、房价的涨跌等，如果买的股票价格高，一旦价格下跌，就可能亏钱；另一方面的风险来自投资产品本身的流动性，所谓流动性，说白了就是好不好卖出。流动性风险就是想卖出投资产品的时候可能卖不出去，必须降价出售，有时即便降价出售也可能难以成交，结果无法顺利地将投资产品变现。房产就属于流动性比较差的投资产品。投资的风险和收益是一对孪生兄弟，相伴而生，如影随形。世界上根本不存在低风险、高收益的投资产品，要想获得高收益，就一定要承担高风险。反过来讲，即便承担了高风险，比如投资股票，却不一定能获得高收益，有可能亏本。因此人们常说的一句话"高风险高收益"是错误的，应该改成："高风险可能高收益，还有可能亏本。"

在投资过程中，一定要评估风险，只有对风险进行了有效的评估，才能作出正确的策略，这样才能进行有的放矢的投资，甚至可以把风险转化为收益。

"股神"巴菲特在哥伦比亚大学的演讲中曾经提到过收益与风险之间的关系："我想提出有关报酬与风险之间的重要关系。在某些情况下，报酬与风险之间存在着正向关系。如果有人告诉我'我有1支6发弹装的左轮枪，并且填装1发子弹。你可以任意地拨动转轮，然后朝自己扣一次扳机。如果你能够逃过一劫，我就赏你100万美元。'我将会拒绝这项提议——或许我的理由是100万美元太少了。然后，他可能建议将奖金提高为500万美元，但必须扣两次扳机——这便是报酬与风险之间的正向关系！"

很多人认为投资股市是一个易暴富的行业，越来越多的人陆续加入这一行列，但是绝大多数人对这一特殊行业相当陌生。至于听说过的"股市有风险，入市需谨慎"，也只是当作耳边风而已。就像对吸烟人说"吸烟有害健康"一样，已经没有任何的警醒作用了。

当某一只股票价格暴涨时，听得最多的就是"一夜暴富"的神话，什么卖羊肉汤的都赚了几十万元，拉三轮车的也买了奥迪等传闻不绝于耳。不少好事者更是推波助澜，对这种事津津乐道，激励了不少人前赴后继进入股市，但从"奴隶"到"将军"的很少，多数成了"烈士"。

相信不少人也在行情暴涨中赚到了钱，这不是什么坏事，水涨船高；但更多的人是赚了钱，也没弄明白自己为什么"赚了"。这才是真正的问题所在，因为不知道为什么"赚了"，就有可能不知道什么时候会"赔了"，许多人对股市风险其实是没有任何概念的。

虽然现在包括股市信息网站，天天发布"股市有风险"的提示，但对新入行者，他们根本没被市场风险洗礼过，风险意识极其淡薄，投机心理极其脆弱，一旦市场有风吹草动，恐怕很难做到"愿赌服输"。

对于投资来说，一个有潜力的公司值得我们去帮助，而我们的实力也会随着公司的起伏而起伏。这必然是有风险的，但是，如果我们只拿对于我们来说并不"重要"的一部分钱去投资，风险对我们来说就会降低。

再有就是一个经过分析有潜力的公司失败的可能并不大，所以我们的风险不是很高。

而对于投机，就好像拿10万元去给一个乞丐，祈求上天他是个天才，然后来回报施舍的人。首先他是个天才的概率就很小，再者他来回报的概率更小，而且10万元对投资人来说不是小数目。就好像投资中，拿出家当，跟着别人或者没有经过深思熟虑去让别人帮你赚钱，这种风险之大是显而易见的。所以在投资理财时，一定要注意在保证自己的正常生活的前提下，拿自己的闲钱去投资风险较大的项目。如果把所有积蓄都投入的话，一旦投资失败，就是以破产告终，这与当初投资理财的目的就相去甚远了。

巴菲特之所以成为股神，多次问鼎世界首富的宝座，与他多次避开股市风险有很大关系。1965年，巴菲特购买伯克希尔·哈撒韦股票的时候，每股股价大约是20美元，此后，这家公司从来没有送过股或者配过股，巴菲特认为这是毫无意义的数字游戏，由于股本没有扩张过，使我们很容易计算50年来股价究竟上涨了多少。

1965年之后，伯克希尔·哈撒韦的股价一路上升，50多年来大部分年份收盘价都是上涨的，下跌的极少，先过了百元大关，随后过了千元大关，再上万元大关；到2006年上了10万美元大关，当年的收盘价是10.999万美元；2007年股价更是大幅上涨，当年的收盘价为14.16万美元，一年里股价上涨了28.7%，年中的最高价还冲到15万美元。

2008年前两个月是美国股市的一场灾难，出现大幅下跌，金融股是重灾区，很多银行、保险股票大跌，一些股票甚至跌至5年来的低点。而伯克希尔·哈撒韦的股价波动幅度不大，2008年3月4日的股价还在14万美元左右，与2007年收盘价相差不大，正是凭借股价稳定的表现，巴菲特才能又一次问鼎世界首富的宝座。

这一次，我们又见识了巴菲特规避风险的能力，这已经是他无数次规避这种风险。就是因为能不断躲过灾难，才使得巴菲特的财富不断上升，一直稳居世界富豪榜的前三名。

降低风险最有效同时也是最广泛地被采用的方法，就是分散投资。马克·吐温说："不要将所有的鸡蛋放在同一个篮子里。"当然分散时还应掌握以下原则：

（1）选择负相关较大的投资标的。比如黄金价格的走势与股价走势不具正相关，且通常股价下跌时，黄金价格有上涨的倾向，是一对不错的组合。

（2）投资标的数量不宜太多。投资大师彼得·林奇说过："投资股票就像生小孩一样，如果没有能力抚养，就别生太多。"尽管随着投资种类的增加，风险会下降，但当投资种类增加到一定程度时，风险下降的幅度会达到极限，而且管理成本也因此而上升。股神巴菲特管理的资产那么大，也不过投资了十几种股票，何况是我们呢？

（3）分散投资时机。目前有两种比较实用的方式来达到分散投资时机的目的：有钱就投资。比如，银行的存款只要达到10万元，便提出5万元买股票，而且每次买的股票都不同。这样既分散投资标的，也分散投资时机。

（4）定期定额投资基金。在每个月指定的日期，自动从指定的银行账户扣除一定的金额，将其投入投资人事先指定的基金。由于基金净值随时都在变化，所以每期买到的基金单位数都会不同——价格高的时候自然会买得较少，而价格低的时候会买得较多。长期投资下来，不但投资报酬率相当可观，而且具有降低价格变动风险的效果。

懂得了收益与风险是一对孪生兄弟的道理之后，在进行理财投资时，一定要保持冷静的头脑，进行投资分析，对风险进行预见，避免自己的投资遭受很大损失。

自己动手还是委托专家

理财与智商有关吗？答曰，非也。著名科学家牛顿也曾炒过股票，当他认为达到高点卖出时，股票仍在继续上涨，难忍，又买入，结果又大跌，使这位著名的科学家损失惨重。最后，他不得不发出哀叹：我能计算出天体的运行轨迹，却不能计算出人心是多么的疯狂。

理财与学历有关吗？答曰，非也。著名经济学家弗里德曼，曾获得过诺贝尔奖。其所获奖金颇为丰厚，若用来投资，即使最保守的一只基金，那么弗里德曼也会身价过亿。然而事实上，他并没有跻身亿万富翁的行列。

理财靠听消息吗？答曰，非也。炒股不能不提到消息，然而消息有真有假。即使是真的，作为一个普通人，获得消息也是最后一个，所以靠消息发不了财。

有人会问："理财到底要靠自己还是要请专家呢？"这个问题没有固定的答案，是仁者见仁、智者见智的问题。

有的人认为委托专家是明智之举。理财不仅是一件"技术活"，也是一件"力气活"。现在市场上各种投资产品不断涌现，市场行情瞬息万变，这不仅要求投资者具备充足的专业知识，更要求他们投入不少的精力和时间，这对于大多数非专业的人士而言是一种苛求。在这样的背景下，"专家理财"应运而生。

你是否会为装修房子而辞去工作、特地去学建筑设计，然后再亲自动手呢？当然不会。你会找一个值得信赖的设计师，让他帮你制订出最好、最适合你的装修计划。投资也是一样，专业人士的建议会让你坐享其成。术业有专攻，理财靠专家。专家拥有更多投资渠道，个人投资者一般只能在二级市场进行投资，不能参与一级市场的发行行为，而机构既可在二级市场进行交易，还可以在一级市场通过承销、包销活动获得丰厚的利润；专家选用的投资方式更为灵活。机构投资者既可以进行现金交易，也可进行回购交易和套利交易，个人只能进行现金交易；专家可选择更多的投资品种。机构投资者可以投资于一些个人无法选择的品种。例如，国内的金融债券目前主要面对机构发行，在很多情况下个人无法购买。金融债券的利率比国债高，而且风险又比企业债券低，是比较理想的安全、高效的理财工具。机构投资者既可投资于交易所上市债券，也可投资于在银行间市场发行的债券，而个人只能在交易所购买上市国债。专家理财既可投资于固定利率债券，又可以投资于浮动利率债券。

有效的投资组合需要投资者对不同的理财工具具有全面的了解，并要花费大量时间和精力。如果投资者能够用于投资活动的时间和精力有限，又缺乏相关的投资专业知识和信息来源，不如把时间花在选择优秀的理财机构方面，从而通过专家理财，达到资本保值、增值事半功倍的效果！

这样的说法也很有道理，毕竟隔行如隔山。理财投资也是一门很大的学问，靠自己似乎太麻烦，也有点困难。专家的建议是很好的参考。

提到"专家理财"，可能不少人对它的理解还比较狭窄："专家理财是不是像海外的影视剧里那样，专门聘请一位理财师为自己进行投资，他会定期地向投资人报告投资的进展？"其实，这只是专家理财的一种方式，在目前国内的市场上，专家理财更主要的是另外两种方式：一是购买专业理财机构（如基金公司、证券公司、银行）所出售的理财产品，将资金交由他们来进行分散投资，赚取投资收益；二是由专业的理财师根据投资者的个人情况，进行财务诊断，并制订出理财规划建议书，由投资者自行操作。

但是也有的人提出了不同的看法。他们认为专家也有智愚之分，不同的专家坐于堂上，长篇大论，谁是谁非，谁对谁错，很难分辨。即使有可信之专家，也不能靠其一生。

就像国内期货市场活跃着一批擅长行情评论的人士，其中也有不少颇有见解的专家。但这么多年以来，很多人对这种专家评论有诸多看法，甚至颇有微词。这中间可能还是由于我们在听取专家意见时没定位好自己的角度。

其实，投资赚钱是自己的，评论是别人的。我们对那些专家评论应该用不同的角度来看待。比如说很多人都喜欢的意甲、英超足球，真可谓高水平的竞技表演，也不乏著名的足球解说员、足球专业记者。每次精彩的比赛转播，有了他们独到的讲解和富有哲理的评论，都能使比赛更有趣，使我们对整个比赛了解得更加入木三分。

资本市场，作为一个专业的市场，也必然需要这样的专业评论家，把每一次行情精彩、清晰地讲解给我们听，特别是对那些没有专业知识、没有精力了解行情的投资者，专家的评论、解盘，一定胜过自己的一知半解。但是，专家们对我们的这种帮助，只能停留在此，也就是说，通过这种手段只是了解现在的行情态势和学习他们研究行情的合理方法以及科学态度。

然而，要作出下单的决定，你必须具体考虑自己的情况，包括自己的风险承受能力、自己的风格、自己感受到的行情。没有哪个球队是按解说员的解说来踢球的，所以，你在寻找下单依据时就要立即转换角色，由观众、观察者转变为足球队运动员，这样才有可能赢得比赛。

一些投资者，盲目跟随专家评论，不假思索地直接接受专家意见，屡有失败。在期货市场，投资者作为球员，当然应该根据对手，根据自己的能力、状态制定不同战术。对专家的解说评论，我们只能以观众的态度来用心聆听，具体的下单要像球员对待、负责自己的每一次比赛一样。

还有一些对专家评论持坚决反对的人。其实，这些人从根本上来说与盲从者的性质是一样的，都是对专家意见没正确定位的态度，不了解期货市场专家意见只不过是著名的足球评论家的评论，而不是运动员在实战。

另外，似乎有的投资者认为，专家评论也有类似"黑哨"的情况，但只要以观众心态去对待专家意见，用自己的方法去分析就行了。投资者可以听取专家意见，但关键还是靠自己。在投资理财过程中要听取专家意见，自己更要树立正确的理财观。

（1）必须树立理财意识。有人说，你不理财，财不理你，就是这个道理。古语有云：不积跬步，无以至千里。财富都是一点一滴积累而来。莫以积累少而不为，莫以浪费少而为之。长此以往，必有厚报。

（2）理财是长期行为，不要用短期思维去做。不要有一夜暴富之心，一夜暴富是有可能的，但那是给敢于冒险的人准备的，并不适用于一般人。投资并不需要很高的智商，很高的学历，也许和去菜市场买白菜一个道理。那些自以为很聪明的人未必会获得更好的回报。买股票就买那些知名的大企业。如果不想去操心的话，就根据自己的风险承受能力，买入适合自己的基金，也是不错的选择。然后就不要再去朝夕劳神去观察。

老子曰："大成若缺，其用不弊。大盈若冲，其用不穷。大直若屈，大巧若拙，大辩若讷。"抛弃那些令人眼花缭乱的各种各样的工具，采用最笨拙的办法，也许是一种不错的方法。

（3）分清资金的性质进行分散投资。我们普通大众没有太多专业知识，所以投资一定要分散投资，进行风险的规避。一般来说资金可以分为三种，短期资金、中期资金和长期资金。短期资金一般用来投资变现快、比较稳定的产品，如货币基金；中期资金可以投资一些收益稍高一点的品种，比如债券、债券型基金和银行理财产品等；长期资金可以进行收益最高，但风险也最大的产品，比如股票、长期债券、股票型基金等。当然如果有精力的话，也可以用一定比例的钱进行股票、权证、期货等高风险高收益产品的投资。但有个原则，就是这部分钱如果全部损失了也不至于影响到正常的生活。

戒贪，财富不是天上馅饼

人都有贪婪的一面，没有房子住的时候总是想要有个50平方米的房子就很好了，但是有了50平方米的房子之后又想有100平方米，然后又想拥有自己的别墅，很难有真正满足的时候。贪婪容易让人失去自己，让人忘记自己最初的目的，贪婪的后果往往是要付出沉重代价。

在遥远的古代希腊，就有一个关于财富的神话，告诫人们如何对待财富。

在米达斯国，国王想变得更有钱才能让自己快乐，于是和神商量让自己拥有神奇的力量。神答应了他，让他自己的手指头无论碰到什么东西，那东西就立即变成黄金。在拥有了"金手指"后，国王的快乐并没有持续多久。他痛苦地发现，自己既不能吃，也不能喝，美味在他嘴里变成了黄金，最糟糕的是他亲吻自己的女儿时，最爱的女儿也变成了黄金。国王这才意识到真正让自己快乐的并非是金钱，神答应了他的忏悔，恢复了他平静而幸福的生活。

这个故事告诉我们，人的索取要有一定的限度，如果过分地追求金钱，就会失去自己原有的乐趣，在金钱的追求上要适可而止。

这是最古怪的难题之一：理财并不困难，很多人却总是弄得一团糟。如果我们想积累财富，要做的就是养成健康的储蓄习惯：手上握有一批互惠基金，外加有一点点时间。事实上，迈向成功的步伐并不沉重，所涉及的问题也不错综复杂。为什么很多人还会栽跟头？很大的一个原因就在于贪婪的心理。我们从商店满载而归，购物之多超出了原先的计划。我们不愿自己做饭，所以就去下馆子。我们从商品目录上看到一样东西，一冲动就买了下来。尽管如此，我们想成功理财至少也要有一点点自我控制，尤其是在节制欲望、为将来而存钱时。

在投资理财的过程中，贪婪是大忌，一旦被贪念占据了上风，就很难把握住自己的投资方向和投资额，很容易成为投资浪潮中的牺牲品。

股神巴菲特曾经说过一段名言："恐惧和贪婪这两种传染性极强的灾难的偶然爆发会永远在投资界出现。这种流行病的发作时间难以预料，由于他们引起的市场精神错乱，无论是持续还是程度同样难以预料。因此，我们永远无法预测任何一种灾难的降临或离开。我们的目标应该是适当：我们只要在别人贪婪时恐惧，而在别人恐惧时贪婪。"

巴菲特是有史以来最伟大的投资家，他依靠股票、外汇市场的投资成为世界上数一数二的富翁。他倡导的价值投资理论风靡世界。价值投资并不复杂。巴菲特曾将其归结为三点：把股票看成许多微型的商业单元；把市场波动看做你的朋友而非敌人（利润有时候来自对朋友的愚忠）；购买股票的价格应低于你所能承受的价位。"从短期来看，市场是一架投票计算器。但从长期看，它是一架称重器"——事实上，掌握这些理念并不困难，但很少有人能像巴菲特一样数十年如一日地坚持下去。巴菲特似乎从不试图通过股票赚钱，他购买股票的基础是：假设次日关闭股市、或在5年之内不再重新开放。在价值投资理论看来，一旦看到市场波动而认为有利可图，投资就变成了投机，没有什么比赌博心态更影响投资。

贪婪在股市投资中表现得尤为明显。了解投资者心理的人都知道，只要没有什么变故，绝大多数投资者一进入股市一般就不会再离开了，将就此与股市共生存，长相守。股市将以其独特的魅力使绝大多数普通投资者对其产生一种"恋"的情结，并反映到各自具体的操作中。

（1）当上涨行情运行完毕，转入到调整下跌阶段之后，绝大多数持有股票的投资者仍会继续留恋之前的上涨。因此，不管行情怎么下跌，不管行情是否已经确实转势，大多数投资者的操作行为仍是持股待涨；直到股票大幅下跌，与其"绝情"后，才可能会被动性地了断。

（2）对曾经（哪怕是好几年前）给予自己"赚过钱"的股票有一种天然的眷恋。对其行情的涨跌给予过多的关注，耗费太多的精力，并时时把该股目前股价与之前"赚钱时"的股价作比较，甚至把价格比较的结果作为买卖依据。

（3）受思维意识的影响，对自己以前操作成功的经历念念不忘，而对之前操作失败的经历却刻意回避与淡化，从而对股市的认识和在具体操作上经常会"在同一个地方摔跤"。其实，股市中失败的教训比成功的经验更宝贵。

（4）受看涨、看高心理的影响，对行情的高端价格有着极强的好感。大多数投资者都能讲出中国船舶的股价是200多元，但很少有人知道目前最低价的股票是什么，股价又是多少。

（5）对分析师给予所谓的目标价往往"一见钟情"。如果目标价是20元，即使行情到了19.90元也"打死不抛"，因为还有0.10元的目标没实现。须知，目标是可能实现的，但也是可能实现不了的，况且分析师们的目标价会随时修正。

（6）对过去的报表数据有着深厚的恋情，经常会出现"这个股票业绩这么好，为什么不涨？为什么还跌"的疑惑。须知，报表数据总结的是过去，股市投资永远是站在现在看未来。在投资创造价值的时代，行情更重视的是还未披露的报表数据。

（7）对市场传闻与小道消息有着浓厚的兴趣。常识告诉我们，市场的信息链永远是不对称的，当消息流传到普通投资者层面上，此消息要么是已经滞后了的，要么是别有用心的，十有八九是虚假的。

（8）对行情的头部价格有着深刻的记忆，总想着已经到过这个价格，后面还应该再到这个价格甚至更高，但行情的实际表现往往是"过了这个村，没了那个店"。对股市的"恋"、对股票的"恋"、对行情上涨的"恋"是许多投资者共有的一种特征，但"恋"过了头，就变成了"贪"。"贪婪"正是股市投资之大忌。

贪心，更不能贪得无厌。投资不能过于贪心，否则将由"1%的贪婪毁坏了99%的努力"。老子在《道德经》中曾云："不知足虽富亦贫。"孔子在《论语》中提出人的一生要有"三戒"，其第三戒是："既及老也，血气既衰，戒之在得。""得"就是贪得。

贪婪是投资理财的大忌，财富不是上天的馅饼。不要把投机错当成投资，有些要靠运气才能赚钱的行当最好不要轻易涉足，在还没有把握一项投资的真实情况时不要轻易把钱投入。在投资的时候，一定保持理智的头脑，不要觉得一个产品稳赚不赔，就全部投入，这样会让你承担的风险变得很大，已经超出了你能够承担的能力，不要被一时的利益冲昏了头脑。不要为了获得再多一点再多一点的利益错过了最好的卖出时机。

别跟风，不做盲目的"群羊"

羊群是一种很散乱的组织，平时在一起也是盲目地左冲右撞，但一旦有一只头羊动起来，其他的羊也会不假思索地一哄而上，全然不顾前面可能有狼或者不远处有更好的草。在生活中，我们也经常不经意地受到"羊群效应"的影响。

经济学里经常用"羊群效应"来描述经济个体的从众跟风心理。因此，"羊群效应"就是比喻人都有一种从众心理，从众心理很容易导致盲从，而盲从往往会陷入骗局或遭到失败。

或许很多人会对此嗤之以鼻，人类的智慧当然远远高于这些平常动物了。可事实是在日常生活中，"羊群效应"也很容易出现在我们自己身上。最常见的一个例子就是进行投资时，很多投资者就很难排除外界的干扰，往往人云亦云，别人投资什么，自己就跟风而上；而在结伴消费时，同伴的消费行为也会对自己的消费产生心理和行为上的影响。

年近40岁的贾先生在黑龙江省一家事业单位工作，夫妇二人收入稳定，又比较节省，家里渐渐有了二十几万元积蓄。贾先生说："家里的钱一直存在银行吃利息，也没想过投资。最近两年，周围的朋友纷纷买房、买股票、买基金，我们也动心了，跟着跑去看房子、看股市，年初买了一套小面积公寓，也不知能不能赚钱。"

目前，像贾先生一样存在从众心理盲目投资的人士不在少数，他们没有时间、精力和专业能力来应付越来越复杂的金融环境和金融产品，又不懂得向专业人士寻求帮助，长此以往，难免因财务问题处理不善陷入困境。

随大流是很多人的习惯，你看人家都这样了咱也学人家吧。这样的观点永远也发不了财。

在不了解投资内情的情况下，不要盲目地跟风，我们一定要找人少的那条路走，大家都"扎堆"而去的地方未必是好地方；投资也不能跟风盲动，一定要找到适合自己的投资方式。

股市是"羊群效应"的多发地。股市的财富效应，让许多人觉得遍地是黄金，关键就是你的眼光和信息准不准，于是"宁可犯错，也不能错过"成为许多散户共有的心理，他们一是推崇身边的投资高手，二是盲目迷信各种来源的小道消息。

在持续上涨行情引发的"财富效应"下，越来越多的个人加入到证券投资行列中。相比老股民，新入市的投资者通常对证券投资缺少清晰、全面的了解，相关知识也比较匮乏，尚未树立正确的投资理念，容易盲目地、非理性地开展投资活动。

"听别人推荐"和"随大流"是在新入市者投资行为中普遍存在的两类现象。很多新手尚未掌握基本投资知识就急于开始投资，并对周围一些获得较好收益的投资者、专业证券机构存在"崇拜心理"，导致他们在进行投资决策时都出现了仅听别人推荐就购买某只股票或追随大多数人购买同一只股票的情况。这也是投资者对自己的判断、决策能力缺乏自信的表现，而要想树立自己对投资决策能力的自信，投资者就必须学习并掌握相关证券投资知识。

但事实上对于处在信息不对称和市场劣势的散户来说，要想成功地连续跑赢机构和大盘并不那么简单。很多在公开场合经常吹嘘自己的投资如何成功的人，往往挑选的是自己一部分成功投资的"亮点"在大家面前炫耀。有的人都有过一些成功投资的经历，但是对于自己投资失败或是不足的经历，他们就很少向朋友和同事们透露。

因此如果当你遇到这样的投资高手，切勿因为他们的只言片语就觉得别人总是赚钱比自己多，赚钱比自己快，影响了自己的正常心态。

而现在坊间流行的小道消息也同样值得投资者戒备。随着网络的普及，"消息"正以我们不曾觉察的速度影响着我们的投资决策。那些没有实际操作经验的新股民，最喜欢的就是从各种网站的股票、基金论坛上捕风捉影，有的人甚至愿意花上不菲的价格购买"机密信息"。结果就是很多人陷入了炒股只炒"代码和简称"的误区，一不知道上市公司的主营业务，二不了解公司的财务状况，只是凭借一些似有似无的小道消息就敢扑下自己的数十万资金，犯错不怕，只担心错过，误了赚钱的好时机。对于这种小道消息带来的"羊群效应"，投资者还是远而避之为好。

要记住，任何投资行为都存在一定的风险，投资者只有在了解自己、了解市场的基础上作出适合自己的投资决策，才是对自己负责任的表现。任何盲目听从他人意见或"随大流"的行为，非但不能降低投资风险，反而会给自己的投资带来更大的损失。

要想成为理财高手，必须要克服自己的从众心理，不能盲目跟风，不仅在投资时要克服从众心理，在日常消费中也要克服这样的"小毛病"，让自己的理财能力体现在生活中的各个方面。

02 财富储备课

作好储备，没有后顾之忧

　　提起储备，你或许很不以为然，认为只有投资才是正路。事实上，我们所提及的储备，不仅仅是广义上理解的将物资储存起来准备必要时应用，比如储蓄；从理财的角度来理解，储备就是具备的支配金钱的能力。做好储备，便没有了后顾之忧，它是正确理财的第一步。

手头的钱留够了吗

对于很多人而言，他们已经忽略了银行的原始意义——存储。他们习惯于把钱投资到各个领域，以期待更多的回报。然而，他们的手头上却空无分文，当需要资金周转，特别是出现紧急情况的时候，他们便傻眼了。所以，要记得把一定数目的钱存储起来，以备不时之需。

学会储备，是致富的第一步，虽然说做好储备，未必能够成为富翁，但是如果没有基本的储备，是绝对成为不了富翁的。看我们的日常琐事，从房贷到各种投资，从日常消费到生活的各种娱乐享受，各种花销或许已经占据了我们全部的收入。面对储蓄我们或许只能有心无力，无能为力，那么如何才能存到钱呢？

首先，我们从发钱的时候开始说起，在每一个月领取薪水时，我们要提前计算出下个月的必要支出，然后将剩下的钱的一大部分存进银行或者投成基金。这种硬性策略可以使我们大大减少不必要的支出，避免了一些"小钱"浪费现象。不要小看那些小钱，如果你能坚持实施存钱策略，就会惊奇地发现，这些小钱在一年以后竟然变成了大钱。

其次，不要觉得支出记账是愚蠢的、可笑的行为。事实上，随时记账，不但可以清楚地看到自己的收入和支出，而且给自己的收支管理准备了数据。

想想你的生活，很多时候你会惊奇地发现：明明这个月花费不超过3 000元，但是当你月底检查钱包时，发现还是少了好几百元。翻开账本，你才恍然大悟：某天逛街突然馋虫大发，你一头扎进日本餐馆狠吃了一顿；某个周六心情不好，于是去商场刷卡购物；还有那次恰逢618网购节……这些没有在预算中的花销，也使你的很大一笔金钱不翼而飞。

所以说，养成记账的习惯是非常有意义的，一方面它可以帮助你了解自己的消费水平和花销途径，以有利于制订下一个月的消费支出表；另一个方面它让你更清楚地了解自己的消费情况，可以在一定程度上减少那些大手大脚、浪费金钱的活动。在看到自己的账本后，聪明的人会有意识地去判断哪些是必要的花费，而哪些是一时冲动的花费，避免了它们，你或许可以积累下很大一笔钱用于投资。总之，了解自己在投资、储蓄与消费上的比例，才有助于平衡生活，在能够做到部分存储的同时，也能作出明智的投资决定。

对于存储的意义，理财大师本杰明·格雷厄姆曾讲过这样一个生动的故事：

很久以前在一个村庄里，有一个贫穷的农夫，上帝可怜他，于是用神力赐予了他养的那只鹅神奇的力量，让它能够产下金蛋。第二天，农夫走到鹅窝里，发现了一颗金蛋，于是他想，怎么会是金色的呢？是不是真的金蛋呢？他来到当铺，找来金饰工鉴定，金饰工把这颗蛋左右研究，最后告诉农夫，它是一颗金蛋。农夫听了欣喜若狂，他卖掉了金蛋，换了一大笔钱回家。

农夫一家庆祝了一番，对于他们而言，这笔钱足够他们用上好多年了。然而，出乎农夫意料的是：次日，当他再次走到鹅窝旁时，那里竟然又有一颗金蛋。从那天开始，以后的每一天农夫都能够得到一颗金蛋，卖金蛋的钱让他们家从此摆脱了贫穷。

然而这个农夫是愚蠢的，他挥金如土，同时也是贪得无厌的。他一直想不明白这只鹅是如何把普通的鹅蛋变成金蛋的，他在心里琢磨：万一有一天这只鹅死掉了，那么他就一分钱也没有了，那时该怎么办呢？如果他能够掌握这个本事，那么他就可以自己生产金蛋了。这个想法让农夫寝食难安，于是有一天，他终于忍不住了，把鹅捉住，用刀子剥开了鹅的肚子，想找出原因，结果只看到一颗半成形的金蛋。于是鹅死了，金蛋也没有了，农夫一家又回到了贫穷的生活中。

表面上看，这不过是一个故事而已，然而，它却生动地反映了现实生活中很多人的做法。

本杰明·格雷厄姆告诉我们：故事中的鹅便是金钱或者说是一种资本，而金蛋则代表利息。没有资本投入就没有利息。大部分不聪明的人把他们手头的钱全部花费殆尽，手头空空，没有一定的积蓄也就没有鹅了，再加上贪得无厌，总想得到更多，于是也没有经过深思熟虑，便把血本全部压上去了，结果落得鹅去财空的下场。

下面让我们一起来看看理财大师告诉我们的"养鹅"秘籍。

第一，为这只鹅另立一个账户，预付自己的薪水，积少成多。在月初时，便把我们收入的储蓄比例金额存入养鹅账户，并申请长期转账合约。那么每一个月初，银行会自动把那个比例的金额从工资卡划入账户中，甚至不会浪费你的时间。

第二，除了养鹅之外，不要乱动养鹅账户的钱。用正确的养鹅原则去培养那只会下金蛋的鹅，让鹅给你带来更多的财富。

储蓄就是我们付钱给自己，而且这个过程是预付型的。如果我们每一个月给自己付款工资的5%，那么这5%便在几年以后很可能让我们达到致富的目的。事实上，这5%的减少对于你的生活而言，是微不足道的，你只要省出几次打车钱，或者忍住几次想吃大餐的冲动，那么，这些钱就可以被你存进银行了。不要觉得它微不足道或者难以做到，为什么不尝试一下呢？凭借想象是永远也不会把你的钱攒下来的。

当你把收入的5%存进了银行，你或许会问，我用这部分钱做什么呢？它的价值在哪里呢？

首先可以肯定的是，你的手头有了一定的积蓄，你可以很从容地应对一些经济危机。如果这个月你恰巧碰到了几件需要大花血本的事情，那么你便不会愁眉苦脸地四处想办法借钱了，你的储蓄或许能够在很大程度上解决你的燃眉之急。

再者，由于有这笔积蓄，你可以在适当的时机取出一部分用来进行收益高的投资活动，加速你的致富之路。目前流行的理财工具中，主要以股票和基金为主。理财大师告诉我们，无论这两者中的哪一种，要想赢利，都需要放长线，才能钓大鱼。这句话怎么理解呢？就是说要买那些战线拉得很长的股票或基金，即使从它们目前来看，或许利益不大，情况不那么乐观，可是长期发展下去必将有所收获。当然，进行这种长期的投资是需要经济基础的，也就是说这笔钱对你而言是可以长时间压在外面的。所以银行有积蓄，手头不缺钱就成为一种必要的前提。

当然，手头上留出的这部分钱还有一个最重要的用途，那就是用来养那只会下金蛋的鹅。在这只鹅没有满足之前，你是不能够乱动这笔钱的。"手头的钱留够了吗？"实际上是在检查自己能不能养得起这只会下金蛋的鹅。留够了，养得起，才能助你完成你的财富美梦；否则就是鹅去财空的下场。

量入为出，别做冤大头

量入为出是一种智慧，也是一种美德。不管你有多少金钱，如果没有止境，没有限度地挥霍，即使是坐拥金山，早晚也会变成穷光蛋的。量入为出，不是让你降低你的生活质量，而是合理地花钱，该花钱的时候才花，不该花钱的时候即使一分钱也不会浪费。每一次花费不仅仅要看钱的多少，还要看这钱花得值得不值得，更要评估自己的经济实力，不要打肿脸充胖子，做一个冤大头。

米考伯先生说："一个人，如果每年收入2 000镑，却花掉2 006镑，那将是一件最令人痛苦的事情。反之，如果他每年收入2 000镑，却只花掉1 996镑，那是一件最令人高兴的事。"

国内理财师张智博在评价富人和穷人的不同时，如此说道：站在专业理财师的立场上，富人并不见得有钱，反而是那种能够做到量入为出，对自己的经济状况非常清晰，因此能够理智地满足自己需求的人。从专业技术的角度上衡量，一是不放下工作，看你现在拥有的财富能维持现在的生活多久，能过多久你所期望的生活；二是倘若没有了当前的工作，用剩下的财富能维持现在的生活多久，能过多久你所期望的生活。如果财富能维系人生的整个过程，能对社会承担整个责任才算是有钱人；而那种还没有摆脱工作的束缚，虽然收入高、消费也高的人，仅仅是处于财富自主阶段。他们的未来有两种：一是如果他们能够把握好自己的经济尺度，做好支出计划，不随意地铺张浪费，而是进行合理的投资和储蓄，那么他们即使没有了工作，依然可以拥有舒适的生活，从而达到富人的生活水平；二是如果他们没有认识到量入为出的重要性，因为好面子或没有正确的理财观，而花钱不分轻重，那么他们永远是"月光族"，是成为不了富人的。

著名的欧曼理财观告诉我们，量入为出才能构造出稳健的经济结构，在支出消费时一定要提前衡量自己的经济能力，做到收支平衡。不能因为外界的某些刺激而一时头脑发热，作出不明智的无谓支出。就拿买炒得很热的房产来说吧，如果你的手头没有足够的可以应急的钱，那么就不要追逐"房热"的潮流，为了一个虚无的、还没有建成的房子而搞得自己月月出现经济赤字是愚蠢的。

做到量入为出，就要先弄明白钱究竟应该怎么花。俗话说花钱花在刀刃上，再多的钱也是一分一分组成的，不能因为一分钱面值小而无视它的价值；也不能因为百元面值大而成为被宰的冤大头。

学会如何花钱才是理财者最重要的一项本领。看那些会赚钱的成功者，也是最会花钱的人。量入为出，精打细算，不铺张浪费，才是真正明智的有钱人的特点。

肯尼迪家族是在政治上的名门望族，但这种政治上的成功是以雄厚的经济条件为基础的。他们从爱尔兰移居到美国的时候还是一贫如洗，但是仅仅经过几代人的努力，就成为美国有名的富裕家庭。他们取得成功的一个很重要的方面，就是善于理财，无论有多少财富，都让每一分钱花得有根有据。

据说，每个星期老肯尼迪都要给孩子们平均数量的零用钱。孩子们可以在这个范围内自由支配。如果想要买自己喜欢的商品，而钱又不够，他们也不能向家里要，而只能通过几星期的节约积累，攒够需要的数目。通过这种方式，老肯尼迪向孩子们灌输了这样一种思想：要珍惜每一分钱，学会花每一分钱。到了周末，老肯尼迪还会召开一个家庭会议，在这个会议上，孩子们要汇报自己都把钱花在了哪里。花钱随意、消费毫无计划的孩子会被减少下周的零用钱，而那些花钱有计划、甚至还有剩余的孩子则会受到金钱上的奖励。

肯尼迪家族给我们做出了榜样：无论拥有多少钱，都应该量入为出，不浪费一分钱，这样不仅不是小气的表现，反而是一种智慧的体现。

没错，理财不仅仅需要经验，更需要一种智慧。真正的富人把钱看成一种挣钱的工具，他们能够凌驾于金钱之上，他们清楚自己的资金的来源和用途，对于每分钱的去处或许都有一个清楚的了解。他们会说，没错，我是很有钱，可是对于我而言，花钱也是需要动脑子的。我不会买那些奢侈、无用的东西，我不会被商家傻傻地宰一顿的。

做一个聪明的消费者，首先就要丢掉"为了面子不要里子"的坏毛病。富兰克林博士说："是别人的眼光而不是自己的眼光毁了我们。如果世上所有的人除了我都是瞎子，那我就不必关心什么是漂亮的好衣服，什么是华丽的家具了。"可见，爱好面子，为了充门面而放弃节俭的美德是非常不可取的。我们是为自己而活的，我们的金钱也是为了自己而挣的，如果仅仅为了别人的评论而失去理智，大笔挥霍，是多么愚蠢的行为。

量入为出说起来简单，做起来还是很有难度的。因为我们都是普通人，我们都有忍不住想买一些奢侈而又无用的东西的癖好。另外，我们每个人都需要一些娱乐，像旅游、聚餐、参加一些娱乐活动等，这些或许都在我们预算之外。然而这些内容对于我们的生活也是重要的，我们不能剥夺自己享受生活的权利。所以从这一点来看，享受生活的权利和量入为出似乎是矛盾的。其实不是，我们讲量入为出，不是在讲只挣不花，而是根据收入的多少来定支出的限度，使生活过得丰富多彩。你或许觉得享受生活和量入为出是不可能同时拥有的，你要是持此想法，那说明你还是没有明白如何花钱。学会如何花钱，是量入为出的重要内容，也是你能够享受生活的前提和保证。如果你把挥霍和浪费当成人生享受的话，那么你以后的生活恐怕只剩下炼狱般的痛苦了。

所以，量入为出不仅仅是理财的重要一步，而且也是保证你生活幸福的重要环节。

　　我们都是感性的消费者，我们都会有消费失控的时候，然而这些意外只是你理财曲上的一个小小的高音符罢了，只要整个音乐的基本音调是量入为出的，那么，你的理财曲将是一首动听的乐曲。

轻松学储蓄，受益一辈子

很多人都认为储蓄很简单，不就是存在银行嘛！其实简单的事情当中也有很多实用的技巧，掌握了储蓄的技巧，可以让我们在同等条件下获得最大的收益，今天"轻松学储蓄"为大家送上受用一生的四种储蓄法。

1."12张存单"存储法

为便于积累资金，能够达到最理想之目的，笔者经过多次计算和推敲，确认"12张存单"的存储方法，更能显示出储蓄的优越性和魅力，具体操作步骤为：选择一个离自己工作单位或住宅比较近的服务态度好的储蓄机构，按计划，存入的数额可根据收入水平，以不影响家庭生活而定，如家庭每月平均收入为5 000元左右，每月便可考虑存入2 000元一年期定期储蓄存款，当连续存足1年后，手中便会有12张定期储蓄存单，这也就是所谓的12张存单，金额共有24 000元，这时第一张存单便开始到期，然后把利息与本金及第二期所存的2 000元相加，再存成1年期定期储蓄存款，如此手中便时时会有12张存单循环，年年、月月复始，一旦急需用钱，每月便可有存单到期，即使此张存单数额不够，也有近期所存的存单供提前支取，即减少了利息损失，又可达解燃眉之急的功效，可谓两全其美。

2. 存单四分存储法

如果你这个家庭现有10万元，并且在一年之内有急用，但每次用钱的具体金额、时间不能确定，而且还想既让钱获取"高利"，又不因用一次钱便动用全部存款，那你最好选择存单四分法，即把存单存成四张，这种方法可以降低损失。具体操作步骤为：把10万元分别存成四张存单，但金额要一个比一个大，应注意适应性，可以把10万元分别存成10 000元的一张，20 000元的一张，30 000元的一张，40 000元的一张，当然也可以把10万元存成更多的存单。如果存单过多则不利于保管，还是最好在确定好金额后，把钱存成四张存单，在存款时最好都选择一年期限的。把10万元分成四张存单存储，这样一来，假如有1 000元需要周转，只要动用10 000元的存单便可以了，避免了需要10 000元，也要动用"大"存单，减少了不必要的损失。

3. 交替存储法

如何才会既不影响家庭急用，又能用活储蓄为自己带来"高"回报呢？那么，您不妨试一试交替存储法，具体操作步骤为：假定你这个家庭现在手中持有10万元，您不妨把它分成两份，每份为5万元，分别按半年、1年的档次存入银行，若在半年期存单到期后，有急用便取出，若用不着便也按1年期档次再存入银行，以此类推，每次存单到期后，都转存为1年期存单，这样两张存单的循环时间为半年，若半年后有急用，可以取出任何一张存单。在适当的时候也可按急用数额，动用银行定期储蓄存款部分提前支取，如此，自己的存款便不会全部按活期储蓄存款计算利息，从而避免了损失掉不应该损失的利息。这种储蓄方式不仅不会影响家庭急用，也会取得比活期储蓄高的利息。

4. 利滚利存储法

所谓利滚利存储法，又称驴打滚存储法，即是存本取息储蓄和零存整取储蓄有机结合的一种储蓄方法，此种储蓄方法，只要长期坚持，便会带来丰厚回报。具体操作步骤为：假如你这个家庭现在有10万元，你可以先考虑把它存成存本取息储蓄，在一个月后，取出存本取息储蓄的第一个月利息，再用这第一个月利息开设一个零存整取储蓄户，以后每月把利息取出来后，存入零存整取储蓄，这样不仅存本取息储蓄得到了利息，而且其利息又在参加零存整取储蓄后又取得了利息，可谓是鸡生蛋、蛋孵鸡，让家里的一笔钱，取得了两份利息，这种储蓄的方法，对工薪家庭为未来生活积累养老金和生活保障有着相当的优越性。

储蓄理财，巧用三大高招多赚息

生活中，很多人将钱用于储蓄时，往往只是简单地把钱进行存储便罢了，而运用到储蓄中的理财技巧少之又少，从而使他们因缺乏科学合理的储蓄计划，虽在储蓄上赚到了利息，但白白损失的利息也不少。那么，储蓄理财究竟有何高招呢？下面告诉大家如何在同等的情况下赚到更多的利息。

高招之一：因需而定正确合理选择期限

人们在进行存储时，最好合理选择存款期限，正确确定储蓄种类，如果能存定期一年或三年储蓄存款，就选择一年或三年期定期储蓄存款品种，不要本来能存定期一年或三年定期储蓄存款，而存成了半年定期储蓄存款或定活两便储蓄存款，甚至是活期储蓄存款，这样一来，储蓄存款在一年或三年到期后，储蓄存款的利息就会相差太远，此外，定期储蓄存款提前支取或逾期支取都按现行活期利率计算利息，为此，在选择定期储蓄存款期限时，一定要合理选择，既不要太长也不要太短，如果选择错了定期储蓄存款品种就会大大减少利息收入。

高招之二：有急用需提前支取多用"部分提取"

任何人家，在过日子当中，都会遇到急用钱的事，而在此时多数人家持有的定期储蓄存单一般都不可能正好到期，此种情况下，这些人家只好把自己的定期储蓄存单提前支取，以应燃眉之急。但提前支取，方法不同，利息损失也就会不同，所以在提前支取时考虑如何支取很重要。现在多数银行都推出了定期储蓄存款部分提前支取业务，因此为减少利息损失，在进行定期储蓄存款提前支取时最好采用这种支取方式，比如储户梁某有1万元需要急用，而他手上却有一张5万元的定期储蓄存单未到期，如果梁某向银行提出采取定期储蓄存款"部分提前支取"要求，他前1万元银行则会按活期储蓄存款利率计息，而后4万元银行则仍还会按原定期储蓄存单原存期、原定定期储蓄存款利率计息，这种方法要比一味地一次性把5万元全部提前取出来后，再把4万元转存成定期储蓄存款会得到多一些的利息实惠。

高招之三：开定期一本通将金额巧排开

现在很多人都因贪图定期储蓄存单越少，越方便保管，在参加定期储蓄存款时喜欢把存款存成大存单。其实，人们的这种做法不利于理财，很容易损失利息。如自己一旦遇到急事，即使再小的金额，也需要动用大存单，现在部分银行虽已经可以部分提前支取，剩余的部分则仍还可按原定期储蓄存单的原存期、原定定期储蓄存款利率计息，这样一来首次提前支取可减少利息损失，而对于部分提前支取这些银行一般都规定只可一次，基于这种情况考虑，人们又怕多次小额提前支取所带来的利息损失。其实，人们这样想有些多虑了，如今银行在储蓄存款方面开办了很多创新业务，只要变通就可解决人们的这些实际问题，开办定期储蓄存款一本通业务就是很好的变通办法，一个定期储蓄存款本在上面就可存入多笔。如有10万元，可要求银行工作人员在同一本定期储蓄存款一本通上给自己分开4笔存入，1万元1笔、2万元1笔、3万元1笔、4万元1笔，如此，在解决人们实际保管困难的同时，即使有少部分钱提前支取也会把利息损失降到最低。

把握储蓄"四不为"，规避损财风险

现如今，虽理财产品很多，但据一份调查报告显示，现在很多人还是倾向于把手中的闲钱存起来，参加储蓄用于自己的养老、备用等，但是在储蓄的过程中，在调查中又反映，虽然参加储蓄的人不少，可是有时由于他们的理财方法不妥当，不仅会让自己的储蓄存款利息受损，甚至还要令自己的存款消失，使他们不能真正很好地享受到储蓄理财所带来的愉悦。因此，为了防患于未然，理财专家提醒储民，储蓄一定要做到四不为，这样就会很好地防止损财。

不为之一：存款种类期限选择很是随意

在银行参加储蓄存款，不同的储种有不同的特点，不同的存期会获得不同的利息，活期储蓄存款适用于生活待用款项，灵活方便，适应性强；定期储蓄存款适用于生活节余，存款越长，利率越高，计划性较强；零存整取储蓄存款适用于余款存储，积累性较强。因而如果在选择储蓄理财时不注意合理选择储种，就会使利息受损，很多人认为，现在储蓄存款利率虽连续上调了几次，但还是不太高，在存款时存定期储蓄存款和存活期储蓄存款一样，都得不到多少利息，其实人们的这种认识是很片面的，虽说现在储蓄存款利率还不是太高，但如果有5万元，在半年以后用，很明显的定期储蓄存款半年的到期利息要高于活期储蓄存款半年的利息数倍，因此，在选择储蓄存款种类、期限时不能随意确定，应根据自己消费水平，以及用款情况确定，能够存定期储蓄存款3个月的绝不存活期储蓄存款，能够存定期储蓄存款半年的绝不存定期储蓄存款3个月的。

不为之二：选择密码时不太注重安全性

现在，为存款加注密码已成为普通人防范储蓄存款被他人冒领的一种手段，但笔者由于在银行工作的缘故，发现很多人在为储蓄存款加密码时却不能很好地选择密码，有的喜欢选用自己记忆最深的生日作为密码，但这样一来就不会有很高的保密性，生日通过身份证、户口簿、履历表等就可以被他人知晓，有的储户喜欢选择一些吉祥数字，如：666666、888888等，如果选择这些数字也不能让密码带来较强的保密性，所以，在选择密码时一定要注重科学性，在选择密码时最好选择与自己有着密切联系，但不容易被他人知晓的数字，爱好写作的可把自己某篇大作的发表日期作为密码，集邮爱好者可以把某种具有重大意义的纪念邮票发行日期作为密码，但是要切记自己家中的电话号码或身份证号码、工作证号码等不要作为预留的密码，总之选择密码定要慎重。

不为之三：定期存款逾期很久不去支取

我国《储蓄管理条例》中规定，定期储蓄存款到期不支取，逾期部分全部按当日挂牌公告的活期储蓄存款利率计算利息，但是现在有很多人却不注意定期储蓄存单的到期日，往往存单已经到期很久了才会去银行办理取款手续，殊不知这样一来已经损失了利息，因此提醒每一个人存单要常翻翻，常看看，一旦发现定期储蓄存单到期就要赶快到银行进行支取，当心损失了利息。当然自己记性不是特别好，人们在到银行存定期储蓄存款时，最好与银行约定自动转存业务，如此一来，即使存款人忘了支取自己的定期储蓄存款，并且已经超期，只要自己的定期储蓄存款在自动转存后，达到约定的存款期限，银行仍会按定期储蓄存款给计算利息，从而就会避免定期储蓄存款因逾期已久不支取，而使超期部分按银行活期储蓄利率计息，使自己损失不应该损失的利息。

不为之四：存单存折拿回家保管很随便

储蓄存单（折）是储户在银行进行储蓄存款时，由银行开具的，交储户自己保管，用于支取储蓄存款，明确双方债权债务关系的唯一合法凭证。但现在很多人在储蓄存单（折）保管上，不注意方式，在银行进行储蓄存款后，不是把储蓄存单（折）专夹保管，而是有的放到抽屉里，有的夹在书本里，这样一来，时间长了就不免会忘记丢失。正确的保管方式是在保管储蓄存单（折）时，最好把储蓄存单（折）放在一个比较隐蔽的、不易被鼠虫所咬，且干燥的地方，同时，不要将储蓄存单（折），特别是储蓄活期、储蓄定活两便存单（折）存放在被小孩子或他人很容易就取到的地方，同时储蓄活期存单（折）须把所存机构地址、户名、账号、存款日期、金额、密码等记在记事簿上，定期储蓄存单（折）除登记这些外，还需把储蓄存款期限登记起来，以备万一发生意外，根据资料进行查找和办理挂失。存款人还应注意，储蓄存单（折）一定要与身份证、户口簿等能证明自己身份的证件和印鉴、密码登记簿分开保管，以避免存单（折）与这些证件、印鉴、密码登记簿被他人一起盗走后，存款被冒领。

03 财富创造课

不光节流，更要学会开源

大禹治水的故事告诉我们，有时候水灾仅仅靠堵是不能治理成功的，倘若换一个思路，进行水渠疏导反倒能够解决上辈人无法解决的难题。这个历史经验同样在经济领域得到了验证。要想通过合理理财、正确投资成为富人，仅仅依靠节省、储蓄等"节流行为"是远远不够的，更需要利用各种工具，多开通几道金钱流通的"渠道"才能成功。在这一章，就让我们详细看看如何"开源"理财。

最大的财富是你自己

当问及你最大的财富是什么时，你或许说是智慧，或许说是经济头脑，或许说是投资手腕，然而你却忽略了一点，那就是所有这些都是人所具备的能力。所以，你最大的财富不是别的，就是你自己。

即使你现在没有事业，没有财富，但是你人还在，你要是能够运用你的智慧，发挥你的经济头脑，动用你的投资手腕，那么不出几年，恐怕你就是叱咤风云的经济人物了。

首先，肯定自己的能力，依靠自己的双手和智慧争夺一番天下，而不要妄想依靠父母的遗产或者天上掉馅饼的美事。很多人或许总在抱怨，自己没有生在一个好家庭，所以没有那么多财富，更谈不上理财了。他们总在羡慕那些能够继承巨额家产的人，于是他们埋怨命运，埋怨父母，从不在自己身上寻找原因。其实他们不明白，父母生下了我们，给了我们宝贵的生命，这就是给了我们最宝贵的财富。愚昧的人总是意识不到自己的重要性，他们总是觉得是一种神奇的外力在引导我们走向富裕，而忽视了自身的价值。每一个人心中都住着一个财富天使，关键是你是否承认它的存在，是否给它成长的机会，肯定它并开发它，才能创造出成功的人生。

穷人和富人在生下来时都是一样的，都是一个个单纯的、无知的个体，随着不一样的成长过程，他们才逐渐被分为两类：一类对自身充满了自信，他相信通过自己的努力和投资，就能把自身财富转化为实物资产；另一类则目光短浅，否定了人的主观能动性，一边懒惰、颓废，埋怨着命运不公，怨恨着父母无能，一边眼睁睁地看着钱"哗哗"地往别人家的院子里掉，却看不到别人的汗水。差距造就了不一样的人生。

所以要好好利用自己这笔财富，自己去创造和主宰自己的幸福。具体来讲，就是善于利用自己的头脑，完成符合自己特色的理财计划，当然还要维护好自己的身体健康和心理健康，让你挣来的钱有地方可花。记住，钱永远是为了更好地享受生活才挣的，钱自身是没有意义的，如果为了钱而放弃生活，那实在是愚蠢的行为。

有一位温州商人，他是一个普通的商人，然而他的一举一动却有着投资大师的气魄。自从下海以来，他遭遇过数次的风风雨雨，可是哪一次他都坚强地挺过去了。他告诉自己只要自己不放弃，那么就有希望。当问及谁是当地最有钱的人时，他总是幽默地说，我啊，世界上只有我能有我自己，所以我自然是最有钱的人了。

最开始的时候，他经营了一家小小的文具商品店，后来由于地理位置不好，竞争激烈，他转行经营音像制品，趁着流行歌曲的火暴以及电影业的发展，他的音像制品商店开得红红火火。后来，科技迅速发展，DVD、MP3、MP4等电子产品突然之间大批涌入国内，磁带、碟片的销售量大大不如往年。他看到行情的转变，没有悲观丧气，也没有得过且过，而是迅速地转让他的音像制品店，开了一家小电子商品店。他也是当地第一批从事电子商品经营的人，第一批开网吧的人，第一批做电子商务的人。当很多人趋之若鹜时，他已经在这行站稳了脚跟。

他是一位白手起家的人，没有特殊的家庭背景，没有天上掉馅饼的好运，每一步都是他自己稳稳地走下来的。他通过自身的努力，不断地把自身财富转化为实际财富。

如今，还是有很多人无法重视自己的价值。他们的时间大多数浪费在自怨自艾、羡慕他人中，而恰恰忘记了自食其力。靠天靠地都不如靠自己。自己才是最有潜力的优良股，正确地挖掘自己的潜力，才能财源广进。

当学会利用自己的优势挣钱后，还有一项更重要的内容，那就是如何根据自己的财务特点，为自己理财。

俗话说"打江山容易，守江山难"，在经济领域也是同样道理：挣钱是容易的，理财才是困难的，提高自己的理财技能才是保住财富的当务之急。你不理财，财不理你。

理财大师刘彦斌曾打过一个生动的比喻。他说："理财就是为了实现自己的生活目标，合理地管理自身财务资源的一个过程，是贯穿一生的过程。通俗地说，理财就是以'管钱'为中心，通过抓好攒钱、生钱、护钱三个环节，让资产在保值的基础上实现稳步增值，使得自己兜里什么时候都有钱花。倘若把收入比作河流，那么财富就是水库，花出去的钱就是流出去的水，理财就是开源节流，管好自家水库。"

　　这位理财大师的理财核心是这样的：他认为个人财富应该分为三类，各类有各类的用途和时期。这三类分别是应急钱、保命钱和闲钱。应急钱主要是应对突然事件，例如生病、失业等不在计划内的花销，它一般可以表现为储蓄或者一些短期债券；保命钱应该负责全家5年内的生活费，由于不断累积存储，当年老退休时，这个钱应该能攒到20年的生活费，他强调，这些保命钱是不能随便动的；对于闲钱而言，就是那些几年内可以自由支配的钱，这些可以用来进行投资，去买一些股票或者基金。

　　无论走什么样的理财道路，我们都是金钱的主人，不能沦落为金钱的奴隶。什么是理财高手？就是能够发挥自己的主观能动性，合理地支配金钱的去向，把财富最大化的人。作为一个理财高手，自然不能忽略本身的生理健康和心理健康。"有钱没命花"大概是最为可悲的事件了，你辛辛苦苦挣钱，认认真真理财，结果当所有的一切都柳暗花明时，你却倒下了，那不仅仅是对财富的讽刺，也是对人生的讽刺。所以说要注意自己的身体健康，如果自己无法发挥这些金钱的作用，那么这些财富还有什么意义呢？

对于一些"财迷"或"工作狂"而言，他们的本意或许是积极向上的，但是他们却忽略了最重要的一点——人自身才是最大的财富。他们肆意地使用自己的身体资源，却不懂如何休息，如何享受生活。有一个形象的比喻：你的储蓄占一个0位，你的股票占一个0位，你的基金占一个0位，你的房子占一个0位，然而你的生命和健康却占最前面的一个1位，如果你拥有了这个1，那么后面的0位越多说明你的资产越多；然而，你失去了这个1，后面即使有再多的0位，整体也还是一个0。

所以要善待自己，当你知道自己才是最宝贵的财富时，你就不会浪费生命，不会失去希望，你要通过不断地提高自己，来最大化你的财富。

工作质量决定生活质量

工作对你意味着什么，是一份维持生活的薪水，还是一份成就自己人生的事业？生活中我们常常发现，一同到一个公司工作的人，同样的工作条件，同样的起点，几年后却产生了巨大的差距。有的人成为公司里的核心员工甚至是中、高层领导，在该工作领域内举足轻重；有的人却一直碌碌无为，工作总是不见起色，眼睛整天盯着刚够糊口的工资，同那些优秀的人一样早起晚归，生活的质量却千差万别。

诚如我们所知，除了少数天才，大多数人的禀赋相差无几。那么，是什么造成了这种差距呢？是对工作的态度。

一个将工作当成生存需求的人，也就是靠工作来"养家糊口"的人，用工作来满足日常之需当然无可厚非，但是这种没有任何主动性、迫于无奈去工作的人，其力所能及之处只是做多少事拿多少回报，很难在工作中有长远打算，因此永远都是一个平庸者。

一个将工作当成实现自我价值的人，也就是想通过工作使自己成为"有所作为"的人。他希望通过自己的努力，使别人充分认识到自己的价值，从而得到社会的认可和尊重；更希望在工作中通过不断的挑战自我，发挥出自己的创造性潜质。只有这种视工作为一生的事业的人才能避免流于平庸，也只有这种人，能够最终实现自身的价值。

一位名人曾经说过："一个人在选择怎样度过自己的某段时间时，都是赌徒。他必须用自己的岁月做赌注。"其实人生的任何一次选择都像是一场赌博，而且赌注无一例外的都是自己的生命，只不过正确的选择会在损耗生命的同时收获生命以外的东西，错误的选择则只是在耗费生命。从这个意义上讲，一个人选择怎样去工作，其实也就是选择了怎样去生活。因为生活得好坏与工作的得失向来有着密切的关系：一个在工作中实现自我价值的人，所能得到的"奖赏"自然可以大大提高他生活的质量和人生追求；一个在工作中抱着"养家糊口"或者只想有个"铁饭碗"的人，所能得到的薪水，也只能勉强维持生活现状和基本生计。何况，工作是人生中不可或缺的一部分，占去了人一天中1/3的时间，假使一个人24岁参加工作，到60岁退休，工作至少将占去他生命的1/3。那么在这占去生命1/3的工作时间里如果始终找不到一个正确的工作态度，从工作中只得到厌倦、紧张与失望，生活的痛苦是可想而知的。

微软公司创始人比尔·盖茨曾说："无论在什么地方工作，员工与员工之间在竞争智慧和能力的同时，也在竞争态度。一个人的态度直接决定了他的行为，决定了他对待工作是尽心尽力还是敷衍了事，是安于现状还是积极进取。态度越积极，决心就越大，对工作投入的心血也越多，相应地从工作中所获得的回报也就越多。"

1872年，一个医科大学毕业的应届生面临择业问题，心中烦恼不堪：像自己这样一个学医学专业的人，一年有好几千人，残酷的择业竞争，该怎么办？

争取到一个好的医院就像千军万马过独木桥，难上加难。这个年轻人没有如愿地被当时著名的医院录用，而去了一家效益不怎么好自然也不怎么出名的医院。可这没有阻止他成为一个著名的医生，并创立了世界驰名的约翰·霍普金斯医学院。

他就是威廉·奥斯拉。他在被牛津大学聘为医学教授时说："其实我很平凡，但我总是积极地工作，脚踏实地地在干活。从一个小医生开始我就把医学当成了我毕生的事业。"

对工作有崇高态度的人可以把"卑微"的工作做成伟大，缺乏事业心的人把崇高的工作做成卑下，影响一个人的因素是什么？是这个人的学历还是这个人的工作经验？是人对工作的态度。

任何一家有理想和目标的公司，都会有一种竞争的机制，不会让那些碌碌无为的庸人长期在自己的公司混日子。任何有事业心、责任感的人，在竞争如此激烈的现代社会中，也不会让自己长期待在某个平庸的角落。

《把信带给加西亚》的作者在书中这样写道："我钦佩的是那些不论老板是否在办公室都努力工作的人。这种人永远不会被解雇，也永远不会为了要求加薪而罢工。这种人不论要求任何事物都会获得。他在每个城市、乡镇、村庄，每个办公室、公司、商店、工厂，都会受到欢迎。"

不要以为事业都是伟大的、让人津津乐道的壮举。正确地认识自己平凡的工作就是成就辉煌的开始，也是你成为出色雇员最起码的要求。如果在平凡岗位上的我们，以敷衍的态度对待工作，每天被动地、机械地工作，同时不停地抱怨工作的劳碌辛苦，没有任何趣味，那我们的环境会自己变好吗？收入会增加吗？会有很好的前程吗？

当然不会！只能永远做等待下班、等待工资、等待被淘汰的那种为工作而工作的人。

我们左右不了变化无常的天气，却可以适时调整我们的心态。正如人们常说的那样，假如你非常热爱工作，那你的生活就是天堂；假如你非常讨厌工作，那你的生活就是地狱。因为在你的生活当中，大部分的时间是和工作联系在一起的。不是工作需要人，而是任何一个人都需要工作。你对工作的态度决定了你对人生的态度，你在工作中的表现决定了你在人生中的表现，你工作中的成就决定了你人生中的成就，你的工作质量决定了你的生活质量。所以，如果你不愿意自己的生活惨淡无味，那就从改变你工作的态度开始吧。

赚点外快，多多益善

在物价上涨的今天，如果仅仅靠一份工作来积累财富恐怕是天方夜谭了，各种消费都在掏空我们的钱包，不要说积累财富了，可能连当月的基本消费都承担不起，即使面对这种困境，生活还得继续，不是吗？所以仅仅一份工作，靠着"铁饭碗"的时代已经成为历史了，当今，身兼多职才是我们的时代主题。

无数投资大师的经历告诉我们：不要放过任何一个赚外快的机会，外快可以让你如虎添翼。

彼得·林奇，麦哲伦基金的创始人，现任美国富达公司第一副总裁，他被称为是美国最伟大的基金经理和投资奇才。彼得·林奇出生于美国波士顿的一个富裕家庭里。父亲曾经是波士顿学院的数学教授。他10岁那年，父亲因病去世，全家的生活陷入困境。家人开始节衣缩食，林奇也从私立学校转到了公立学校。

为了缓解家庭的经济压力，林奇在一个高尔夫球场当球童，那时候很多大企业的老板都有打高尔夫球的爱好，他们经常在一起讨论经济和投资问题，于是小林奇就在他们的谈话中，接受了股票市场的早期教育。每一次的兼职，他不仅仅挣到了钱，还学到了无价的知识和经验。

彼得·林奇读完中学后，顺利考进波士顿学院，即使在学习期间，他也未放弃兼职球童的工作。大学一年级时，林奇获得了球童奖学金，加上积累的小费，他不仅可以自己支付昂贵的学费，而且还剩下一笔不小的积蓄。

大二那年，他听完证券学教授讲授的美国空运公司的未来前景后，立刻从积蓄中拿出1 250美元投资于飞虎航空公司的股票。这种股票因太平洋沿岸国家空中运输的发展而暴涨。林奇凭借这笔资金狠狠地赚了一笔外快，这笔钱供他读完了大学，还读完了研究生。

彼得·林奇攻读研究生时也没有闲着，他早已深深体会到各种兼职给他带来的金钱和知识收获。他利用暑假时间，在富达公司找到了一份兼职工作。

那时候富达公司在美国发行共同基金的工作中做得非常出色，所以彼得·林奇能在这样的公司实习，对他而言，机会是非常宝贵的。在富达公司，彼得·林奇被分派做企业调研和撰写报告的工作，负责对全国造纸业和出版业公司的真实情况进行实地调查分析。除了比较可观的实习费外，他还通过深入接触股票，认识到了股票的真实面目。

后来，他正式进入了富达公司工作，1974年，彼得·林奇升任富达公司的研究主管。1977年，彼得·林奇被任命为富达旗下的麦哲伦基金的主管，从此他拥有了一番可以展翅高飞的天空。

回想他以前走过的兼职生涯，不仅仅给他积累了生活所需的资金，还给他带来了很多在日后倍加受用的知识。

现在依然有很多人狭隘地认为：兼职只是穷人才去做的苦力活。这种想法严重地毒害着他们的求富思维。于是，即便是赚外快的机会幸运地找上了他们，他们因为好面子、怕丢人，或者害怕辛苦也不肯去接受它们。他们依然靠着那点微薄的薪水，勒紧腰带度日。当他们看到别人在享受生活，叱咤股市的时候，他们只有羡慕的份儿。

事实上，赚外快已经不仅仅停留在因为是没钱花而需要去做的年代了，能够赚到外快不仅仅是财源的一种，更或许是把握机会、获得知识的一种。身兼多职会让你认识更多的人，接触更多的工作，体会更多的生活。人生本来就应该是丰富多彩的，如果被一项工作遮住了全部的视线，你不觉得那是一件非常可惜、狭窄的人生吗？

金融天才乔治·索罗斯说，现在所有人的收入只有一个来源，就是工作。这种财务结构是有一定风险的，如果你只有一份工作，那相当于你的风险就高达50%，如果你拥有很多份兼职，那么你的财务风险就会根据兼职的增多而大大降低。所以想拥有稳健的财务结构，就要不断地努力工作，还要辛勤地身兼多职。

索罗斯一直坚持"稳健经济理论"，他和美国第一理财大师苏茜·欧曼的理论恰有同工异曲之处。所谓稳健经济就是个人的资产来源不要期望于一个目标上。道理很简单，用交通工具做个比喻吧，四个轮子的汽车永远比两个轮子的自行车跑得稳当，而且速度快。对于财富累积也是同样道理：仅仅靠一个工作来挣钱，钱永远不会来得稳健而且高速；必须懂得寻找兼职，通过各种外快提高自己的财富积累速度。

苏茜·欧曼说，金钱并不是肮脏和邪恶的东西，只是看待它的人心有善有恶罢了。金钱永远是多多益善的，这不是拜金，而是对美好生活的追求。

在生活中，苏茜·欧曼也执行她的"金钱论"，据说如果想和她共进晚餐，那么请先付1万美元的预约费。或许这个昂贵的预约费也只有这个精明的理财大师才敢要。

苏茜·欧曼丝毫不掩饰她对金钱的追求，她儿时的一些记忆以及家庭教育对她的影响，都让她觉得对金钱的追逐，是每一个智慧的人都迫切想去做的。这种原始的欲望如果被压抑，那就是虚伪的。通过正当手段追求金钱，不仅是光明正大的，而且是应该被推崇的。

苏茜·欧曼大学毕业后，在一家面包房里做了7年的女招待。后来得到了一个老主顾的支援，她用借来的5万美元购买了石油股票，结果她有了5 000美元的赢利。然而，随着国际石油市场的动荡，她的积蓄又被卷进去了。她受到很大的打击，她认识到如果不把握其中的规律是永远无法获得主动权的，于是她潜心学习，决定当一名专业的理财师。

从一个女招待到富翁的理财顾问，而她自己也成为身价亿万的女性，她不仅仅成为全世界女性的榜样，也让很多男人都望尘莫及。苏茜·欧曼被誉为"全球最出色，最富有激情，也是最美丽的个人理财师"，这位传奇的职业女性在讲授理财之道时，最喜欢强调的是，钱就是一件非常好的东西，多多益善，为什么我们要压抑自己对它的狂热呢，积极地行动起来，不放过任何一个挣钱的机会，这样你才有成为亿万富翁的可能。她认为，金钱是不分国度的，虽然各国文化对金钱的理解有差异，各国的个人财务制度，以及金融机构的个人产品也有所差异，但总体来讲，投资原则是一致的，金钱的意义是一致的，对财富的追求是一致的。

"不积跬步，无以至千里；不积小流，无以成江海。"金钱的积累不是一日而成的，它应该是一个越来越多的过程。除了一份稳定的工作收入外，我们还需要尽量身兼数职，这些兼职不仅仅能加速我们的财富积累，同时也开阔我们的视野，增长我们的见识，何乐而不为呢？

投资，获取收益

如今，全世界的人致富有三条途径：一是打工，二是创业，三是投资。这三条途径各自有各自的背景。

如果你现在一穷二白，那么打工是你必须选择的途径；如果你现在小有积蓄，同时又富有机灵的头脑，那么创业则是很有一番前途的路；如果你现在已经创业成功，而你也有了宽裕的"闲钱"，那么投资则是你一定要关注的方面，像股票、房地产、基金、国债等都不失为一些好的投资方向。

储蓄是重要的，但是如果全部放在银行里，那么太可惜了。"舍不得孩子套不住狼"，风险越大的投资，会让你的收益越大。

当你手中有了一些积蓄，你就可以拿出一部分所谓的"闲钱"来投资了。不要小看投资的意义，投资能让你在40岁时实现创富。因为我们走过青春以后，无论是体力还是精力都无法和那些初涉社会的年轻人抗衡了，这时候我们拥有的只是时间赠予的经验，但这就已经足够了，经验和适当的聪明，你就可以通过投资而获取收益了。

下面让我们来看看投资大师的投资理念：

第一，不管有钱没钱都要学会理财，这是投资的基础；正确理财才能留出一些用来"投资"。要想实现科学理财，首先是学习一下金融理财的相关知识，然后通过一些实际的理财活动总结经验，这样不但可以让你的消费更加科学，减少铺张和浪费现象，而且还能大大减少你的负债金额。

第二，投资就要抛弃"过度享乐"的思想。挣钱确实是和消费挂钩的，可是如果全部用来享受，而不进行一些辛苦的投资活动，那么金钱早晚都会花尽的，以后怎么办呢？所以要想持续地消费，就必须得花心思进行投资活动。

第三，冷静面对"热股"，不要头脑发热，人云亦云。真理有时是掌握在少数人的手中，当大部分人都疯狂购买所谓的"热股"时，那么不要再跟着去投资了，因为下一步的趋势就是变冷。很多人喜欢盲目地跟风随大流，因此导致了投资失败。要想在投资行业取得成功，必须先把基本功练好，学会利用市场信息去买进或者卖出，而不是随"风向而动"。

第四，投资切记莫贪。贪心往往让人迷失心智，从而看不清真实的市场情景。钱自然是越多越好，然而在挣钱的过程中，一定要有自己的立场，不能被贪心左右本该清醒的头脑，该抛就抛，该买就买，不要在犹豫中丧失良机。

第五，投资要结合政治、经济走向来决定，不要自以为是，盲目投资。众多成功的投资经验告诉投资者——关注国家的政治、经济政策，可以有助于制定优良的投资策略。比如国家在利率、税收等方面做出的调整，或对某一产业实行的优惠政策等都会对个人理财、投资带来直接或间接的影响。运用信息进行投资，是能实现投资收益的前提和保障。

第六，学会合作。投资不仅仅是个人的事情，有时候或许牵动着你们一个小小的集体的共同利益，所以不要妄想自己一个人就能掌握投资大浪，必须有合作意识，众志成城。有时候很多人的意志或许能扭转事态，创造奇迹。

第七，向投资大师学习。一个刚走入投资圈的人无论知识还是经验都是少得可怜的，如果你单凭勇气而闯入，只能是伤痕累累，甚至连命都没有了。所以在投资过程中向那些投资大师学习是必要的，当然我们不是提倡完全效仿，我们强调的是学习，而不是照本宣科。生搬硬套是不科学的。通过投资大师的推荐或培训，你或许能够找到一条最近的通往财富的道路。

第八，投资的时间要尽量拉长。很多人或许对于投资有这样的误区：认为投资就是见效快、收益大的一条财富通路，于是他们投入钱，恨不得当天就有好几倍的收益。当日子一长，而他们的投资没有回报时，便开始埋怨，开始怀疑，认为自己被蒙骗了。这是非常可笑的。投资本来就是一个长期见效的过程，很多人或许因为运气好，所以短时间就收到了巨大的收益，不过这仅仅是一个偶然现象。从大部分投资大师的发家之路看到，那是一个长期的、曲折的过程，要稳住心态，把投资的时间拉长，才能得到投资的收益。

总之，投资不仅仅是一门学问，更是一门艺术，掌握它的技巧不是一天两天就能速成的，一方面要有敏锐的信息捕捉能力，另一方面还要根据自己的实际情况果断地投资，当然这就需要经验的指导。

　　心急吃不了热豆腐，要想在投资上有收益，还要慢慢来，投资是不可能一口吃成胖子的。

创业致富的三条发家路

美国有不少白手起家的富翁年龄都不超过40岁，其致富方式可大致归为三类。

第一条：勤勤恳恳型

虽然也有一些百万富翁的成功之路充满传奇色彩，但最多的还是靠勤劳的双手和多年的苦干。

比利·斯达德就是一个典型的例子。1993年，23岁的比利出于对冬季运动的热爱开了一个不足20平方米的滑雪板小店，此后，比利和妻子一道将经营范围从滑雪设备一步步扩展到少女时装、运动器材。谁知"9·11"给他们带来了沉重打击，公司连续三年亏损，险些破产。他们历尽艰辛重整旗鼓，去年终于迎来了600万美元的赢利。

为等待机会，老练的企业家都需要卧薪尝胆，白手起家的年轻人更不例外。亚美-凯兹和德纳-斯拉维特在纽约摸爬滚打多年，一直在寻找合适的商机。一个偶然的机会，微软公司向他们订购一批礼品包装袋，这使他们瞄准了跨国公司礼品市场。在各个跨国公司之间周旋多年后，2004年他们与法国专营包装的行业大王达成合作协议，这次机会使他们去年的销售额达到了900万美元。

第二条：另辟蹊径型

有人喜欢埋头苦干，有人却喜欢寻找别人不曾注意的市场盲点。但能够另辟蹊径干成一番事业，也不是一件容易的事。

得克萨斯州36岁的维耐·巴阿特的赚钱思路就与众不同。美国各行业的竞争都很残酷，让维耐很不适应，为躲避竞争，他把注意力转向了那些非营利组织：专为不善经营的非营利组织提供管理服务，帮助他们改善与商业客户的关系。他的公司为几千家非营利组织服务，仅去年就赢得了2000万美元的丰厚利润。

第三条：利人利己型

有些人创业之初就立志建功立业，但有些人的成功却是无心插柳。

1983年，年幼的约瑟夫·萨姆皮维夫患上了糖尿病，不能吃含糖过多的冰激凌。为了解馋，他为自己做了个不含糖的冰激凌。15岁时，他已经研制出好几种不含糖的甜点。

在美国，胖人很多，这种无糖食品非常受欢迎，约瑟夫尝试着把自己研制的甜点拿去卖，取得了巨大成功。如今这位34岁的企业家已开发了40多种无糖食品，畅销全美，仅去年的销售额已超过1亿美元。

说起利人利己，33岁的安德鲁·福克斯做得也不差。福克斯年轻时最热衷的就是出入纽约高档俱乐部，为省钱，他想方设法去蹭票。有一天，他突然问自己：为什么不直接与俱乐部老板协商，给那些热衷于过夜生活又想省钱的消费者优惠待遇呢？没想到这一简单的主意给他带来了巨额财富。现在通过他的网站不仅可以享受到美国各大俱乐部的优惠服务，还能找到各地的旅游信息，2005年的营业额已达到2 200万美元。

年轻的你，现在就设定一个创富目标，有了自己心之所向的目标并付出切实的努力，在创业中许多事情将会变得容易许多。

04 财富风险课

暴利、骗局，风险和收益并存

人们总希望手中有限的钱能够越来越多，从而就产生了各种各样的金融衍生品，各种各样的期货投资让人们眼花缭乱。什么样的投资才能达到风险较小收益较大的目的呢？很简单的一个答案，在经济世界里，要想获得高收益就必须承担高风险，无论你从事何种投资活动，都必须牢牢把这一点记在脑海中。在进行任何投资之前，都应该仔细地评估其风险的大小、自己承受风险的能力、资产到底有多少，当然必须跟上时代的发展，用新的工具为你服务，让你有更多的选择。

你到底能承受多大风险

风险是指在某一特定环境下，在某一特定时间段内，可能发生的某种危险。风险是由风险因素、风险事故和风险损失等要素组成。换句话说，在某一个特定时间段里，人们所期望达到的目标与实际出现的结果之间产生的距离称之为风险。

比如某人在一个大雪天，在下班的车流高峰期，骑着没闸没铃的自行车从家里出发，准备去购物中心买皮鞋，不幸半道上出了交通事故。这里让我们分析一下：大雪天、车流高峰期、没闸没铃的自行车等属于风险的因素；交通事故就是风险事故；当事人的死亡或残疾就是本次风险事故所导致的结果。原本购物的目的与横尸街头的结果之间产生了巨大的差异。

这样一个事件就告诉我们在日常生活中风险无处不在，你不能因为风险的存在就停止任何事情，也不能因为风险的存在就拒绝做任何事情。同样，理财也是如此，存款可能会遇到银行降息，炒股会碰到股市低潮，投资房地产同样会碰到房价下跌……多种风险都伴随着理财，如果因此你就拒绝理财，那你将永远无法掌控经济大权，无法指望经济上的剧升，怎么办呢？一个人只有先认清自己，分析自己究竟能有多大的风险承受能力，当你了解自己承受能力的大小之后，才能够选择正确的理财方向与正确的理财方式。

任何的理财投资都存在一定的风险，只是大小不同，只是每个人所承受的能力不同而已。在人们的观念中，一直都认为把钱存在银行里是最保险的做法，无论怎么样都不会让自己的钱财有所损失，然而，虽然存入银行的钱财都是有利息的，但是不排除降息的可能。就存款而言，在存入定期后你没有办法享受利率上涨的好处，而如果你存活期的话也没有办法享受定期一样高度的利率，因此可以说风险总是和收益成正比的，要想有多大的收益就必须承担多大的风险，只有承担了一定风险的投资理财才可能获得满意的收益。

依靠理财来赚钱，一定要处理好报酬与风险之间的关系。有人说"高报酬一定有高风险"，此言有理，但"高风险却不一定有高报酬"。有些人投资失败，不在于其缺乏冒险精神，而在于冒了不该冒的险，没有分清楚风险与收益之间的关系。因为风险小于收益而盲目地去投资，最终是不可能获得其理财上的成功的。

投资者自身可以从年龄、心理素质、就业状况、收入水平及稳定性、家庭负担、资产状况、投资经验与知识估算出自身风险承受能力。研究表明：随着年龄的增长，对风险的承受能力逐渐减低，年龄越大，承受能力越低；如果家庭和谐工作稳定，事业蒸蒸日上就可以承受较大的风险，反之则不然；投资者自身的风险偏好及态度同样也决定了投资者自身承受风险的程度。

要想过得比别人好，那就注定要承担比别人更大的风险。风险和收益从来就是联系在一起的。为什么要羡慕他人呢？羡慕的背后，是技不如人的感叹，是信心不足和风险意识的流失。为人处世，没有风险意识是断然不行的。事实上，在坚定信心的前提下，一般而言，你能承担多少风险，就能赢得多少收益。世上从来就没有过四平八稳的幸福，天下也绝对没有毫无代价的收益。代价的大小，决定了人生成就的多少。当然，代价从来都是以"保命"为前提的。因此，主要是要找到自身风险承受能力，多给自己增加降低风险的知识，为自己找到适合的理财方式，才能给自己一个最大化的利益。

四两拨千斤的衍生品

"四两拨千斤"是中国兵法中经典的智慧，针对投资理财，简单地说，就是用最少的投资，获得最大的回报。

1981年9月1日，在法国的一个著名地段，贴了一张3米长的大海报，一位穿三点式泳装的性感女郎，向来往的行人微笑，招来很多人的停留。这时，一行大字就会映入人们的眼帘：9月2日，我把上边的脱去！人们都觉得有意思，都等着9月2日的来临，好像这一天来得太慢了。到了2日，大家一早就跑来看究竟，结果"上边的"真的不见了，女郎露出健美的胸脯！与此同时，人们看见她旁边又多了一行字：9月4日我把下边的也脱去。大家都不知道这是怎么回事，纷纷打电话去报社问，却怎么也探不到内情。9月4日，大家都跑去看海报，结果女郎"下边的"真的没有了，不过她转过身去，背对着观众，旁边又加了一行更大的字："未来海报公司，说得到，做得到！"一下子那么多观众，那么多的媒体都关注了这个事件，所以他们都记住了这家海报公司。该公司也因此声名大噪，钱财滚滚而来。

这家海报公司醉翁之意不在酒，先把人们的胃口吊足了，让人们急于知道结果，然后它告诉人们"说得到，做得到"，轻易地把自己的理念传播出去了，观众也记住了，其实世界上很多大企业都知道媒体力量不可小看，毕竟是它们在引导消费时尚和公众理念，所以很多公司都善于利用媒体把自己置于公众的焦点之内，这些都充分显示了四两拨千斤的智慧。而如今当我们从事理财、从事投资时，更需要的是这种"四两拨千斤"的精神。

在如今的投资理财中，衍生品的一个基本功能就是它的杠杆力。"四两拨千斤"可以非常准确地用来描绘这个功能。从本质上说，金融衍生品是一种廉价而高效率的品种。它将标的金融工具所固有的风险属性分解开来，把它们分别转移给能更好地处理和吸收它们的人。近年来衍生工具在金融界的流行，很大程度上是因为衍生品，如期权、基金、黄金等如今广受大众欢迎的投资对象，特别是期权，在风险管理中所起的定价、评价和估量的功用。

股指期货交易是以股票指数为交易标的的期货交易，目前是金融期货中历史最短、发展最快的金融产品，已成为国际资本市场中最有活力的风险管理工具之一。其原理是在预测股指将下跌时卖出股指期货合约，在预测股指上升时买入期货合约。在市场可能出现波动的时候，投资者可以在不卖出股票本身的情况下对其投资进行保值，从而保护投资者的利益。股指期货是个既能为投资者避险又能创造收益的投资工具。股指期货的走势实际上是与个股紧密相连的，而且具备了期货交易的特点，通过买空卖空，提高资金的利用效率，增加获利机会，即使在熊市中也可能获利。例如，投资者持有股票时，可通过卖出股指合约以预防股市整体下跌的系统性价格风险，在继续享有相应股东权益的同时维持所持股票资产的原有价值；相反，如果投资者预计大盘要上涨又来不及全面建仓，则可通过买进一定数量的多头股指期货合约以避免踏空。

以小博大的股指期货交易特点特别值得投资者注意，因为指数期货交易采用保证金制度，支付一定数量的保证金后就能进行交易。假设上证指数处于1 500点，根据上证指数期货合约每点价值100元计，一张股指合约价值为1 500×100=150 000元，保证金（按10%算）只需约1.5万元。如果上证指数上升1%，即15点，则可赢利1 500元，这就是上证指数期货能够为投资者提供的10倍的杠杆回报。由于保证金交易的特殊性，其风险较高。如果指数下跌1%，投资者蒙受的损失可能是10%甚至更高，根据交易规则，还需要每天结算（逐日结算：投资期货每次的输赢金额都比较大，所以结算时公司会根据每天的结算价格，计算客户保证金账户的存款余额，一方面看看客户是否需要补缴保证金，一方面客户有投资获利时将款项拨入其保证金账户，或有亏损时从保证金账户扣除，这是与股票资金运用的根本不同之处），对投资者的风险控制能力要求也比较高。因此，中小投资者参与股指期货投资时应该小心谨慎为好，但如果从规避风险的角度去操作，它肯定是一种非常好的保值工具。股指期货作为四两拨千斤的一种主要衍生品，已经受到广大投资者的喜欢，人们越来越多地投资于期货，以期获得更大的收益。而事实上除了人们热门投资的股指期货外，还有人们并没有注意到的其他品种期货同样可以让人们在理财方面获得巨大的利益。

正如五矿实达期货经纪董事长李福利所言"衍生品市场已经越来越受到众人的关注"。正是这样的衍生品让人们从期货中不断获得利益，让四两拨千斤的衍生品越来越为人所关注。而如今要想在这样的市场中赢利，就必须行事果断，必须有耐性，有强烈的求胜欲望，有进场的勇气，而勇气来自于资金充裕程度，还要有认输的勇气，这种勇气也是以资金为后盾的，认输的勇气是指面对失败的交易，你必须提得起放得下。

只有懂得利用四两拨千斤的衍生品的投资者才可以赢利，才不会用传统的智慧，固守一处，不会稍有利润就弃单而出，不会把更大的赢利空间让给别人。懂得用不同思维的人才可以获得比他人更大的利益，才可以在投资市场中稳占一席之地。

善于识别造市陷阱

当今股票市场风云变幻，潮起潮落，投资者要擦亮自己的双眼，分辨各种股票。一名成功的投资者关键是要能识别造市陷阱。

造市是指某些股市大户人为制造股市行情，或升或跌，从中获得暴利。

美国历史上有一个著名的密西西比股市操纵案。18世纪初，约翰·肖成立了密西西比公司。成立之初，以每股500法郎发行了1亿法郎股票。但股市不看好密西西比公司，于是股价迅速跌至每股300法郎。这时肖公布：他将以每股500法郎价格收回自己公司的股票。于是股市哗然，投资者认为，只要以低于每股500法郎价格购进密西西比股则可获利，于是股市上该种股票迅速成为抢购对象，股价迅速提升至接近500法郎／股水平。这时，肖又买通政府，宣布获得一系列贸易特权，并许诺借给政府15亿法郎，并且宣布投资者可分期付款购买该种股票。这样，密西西比股价飞涨，后来竟涨至每股1.8万法郎，而肖通过造假获得的暴利则为天文数字。后来密西西比股狂跌，投资者损失惨重。

由此可以看出，造市是股市中最可怕、最险恶的陷阱，从而也是投资者最应提防的股市陷阱。

总体而言，造市通常有以下做法：

1. 对销。所谓对销，是指分别持有两个公司股票的大户互相购买对方手中股票，使这两种股票价格同时上涨，然后伺机抛售，大获其利。

2. 虚抛。所谓虚抛，最后一笔交易的买方与卖方为同一个人，这样抬高股价，然后伺机抛售。

3. 相配。所谓相配，是指一个交易者分别委托两个经纪人，按其限价由一方买进而由另一方卖出，以操纵市价。

4. 大进大出。大进大出或大出大进是股市大户的最常用手法。具体做法是：利用自己的雄厚实力，在短期内大量买进，以刺激股价上涨；或是在短期内大量抛售，使股价下跌。

如何辨别股市陷阱，首先要判断大户是否在造市。从以下情况可以判断大户开始买进：

1. 平日成交量不多的股票，突然大量被买进，可能是大户开始吃货。

2. 出现大笔股票转账，并且转至同一证券商，说明大户开始吐款吸票。

3. 股价虽然偏低，但每天均以最高价收盘，说明大户正压价吸股。

从以下情况可以判断大户开始操纵股市：

1. 成交量突然猛升。

2. 股价突然上升。

3. 平均每笔成交量数额很大。

4. 证券商接受的低价买进委托数量较大。

从以下情况可以判断大户开始卖出：

1. 在利多消息出现时，成交量突然大增。

2. 股票涨到相当高时，成交量突然大增。

3. 大户频频将股票让出。

4. 大户接二连三宣称某种股票利多但自己不再大量买进。

判断大户卖出比判断大户买进要难一些，因为买进一般较慢，一般投资者可看出大户买进过程与买进迹象；相反，卖出则极为迅疾，往往在一瞬间卖出即告结束，待投资者醒过神时，股价暴跌已成为现实。

对付造市的方法主要是在判断大户造市后，跟从大户，顺势坐轿。股市中谣言极多，投资者切不可听信谣言，盲目跟从大户。

小心！别被内幕消息害了

靠内幕消息炒股是一种严重的违法行为，是摆在普通投资公众面前的巨大陷阱。

内幕消息炒股是指某些投资者依靠从内幕人士处获得的消息，买进或卖出证券，从而获利。而内幕人士是指公司的经营者（包括董事长、董事、总经理与高级职员）及其他与公司经营有密切联系、能准确获知公司业务与财务情况的人。

股市强调机会平等、平等竞争，快捷、准确的信息是股市赢家的法宝。内幕消息炒股实质上就是通过不正当途径提前获得有关信息；这样，就使那些没有获得信息的投资公众处于不平等的闭塞状态，从而使他们蒙受相应的损失。

股市中各种信息弥漫，其中有真实的信息，也有虚假的信息。还有一些心怀叵测的人则利用虚假信息炒股，从而牟取暴利。

如一家生产味精的上市公司董事长宴请亲朋好友。其间，这位董事长有意无意地透露了一些公司经营业绩，把自己的公司吹嘘了一番；并神秘地说，这些消息传出后，他的公司股票价格肯定上涨。那些被请的宾客大喜过望，认为这是难得的第一手内幕消息，是赚钱的天赐良机。于是，他们纷纷要求董事长转让给他们一些股票。在再三请求之下，董事长勉强答应第二天按当天收盘价转给他们每人几万股，并再三叮嘱他们要保密，不可将消息外传。第二天，欣喜若狂的宾客们每人从董事长手中买走几万股，并在股市中收购其他人持有的公司股票。但就在当天下午，该公司股票暴跌。

原来，董事长明知公司经营不好股价会下跌，于是制造虚假信息，借机出手股票，而吃亏上当的则是那些听信董事长制造的假信息的普通投资者了。

除了怀有阴谋者制造的虚假信息外，主要还有：

1. 发行公司制造假信息。发行公司制造虚假信息的方式有两种，一种是虚报公司经营业绩，伪造财务报表；另一种则是隐瞒一些交易信息，例如隐瞒公司新产品开发失败、市场上出现更强大竞争对手等情况。

2. 大户散布谣言。例如，有人散布谣言说，A公司与B公司将合并，于是投资者纷纷抢购被合并公司的股票。

要避开虚假信息这口股市陷阱，唯一的方法是冷静分析所得信息的真实性。当一个投资者听到一则未经证实的信息后，他应该采取以下措施：

1. 立即向上市公司求证市场所传播的信息是否确实。如果上市公司的答案是否定的或不明确的，那么最好不要买进。

2. 立即向证券主管机关、证券交易所或与各种投资咨询机构求证市场所传播的信息是否确实，如果答案仍然是否定的或不明确的，那么应该立即考虑出货。

3. 若该股票走势开始呈现异常变化，应该迅速处理该股票。

擦亮眼睛，别落入理财陷阱

手握闲钱，想着"借钱生钱"本是一件好事，但如果心存贪念，总想一夜暴富，那天上掉下来的就恐怕不是"馅饼"，而是陷阱了。如今理财陷阱处处都是，一定要小心防范。

1. 银行理财产品

张海先生去年年初在某银行购买了6万美金的外汇理财项目，宣传资料上声称"交由银行专业人士打理，定期获得高额收益"。但一年多时间过去了，张海先生非但没有获得稳定的收益，连本金都有损失了几千美金。银行给出的解释是，由于海外市场的资金波动，张海先生的收益受到影响。而当初合同上写明，"交易属于投资型的理财产品"，既然是投资，就会有风险。

在各大银行的理财产品广告宣传单中，随处可见"预期收益稳定""累计净值稳居冠军"等宣传语，然而这些个人理财产品真如宣传的那么"稳"吗？目前一些银行进行产品宣传时，往往只注重"预期收益率达到多少多少"的宣传，但对于产品中暗藏的风险却一言带过。很容易混淆客户对预期收益和实际收益的判断。因此大家一定要在购买产品前擦亮自己的眼睛。

2. 地下炒汇风险

英华小姐经人介绍认识了一位据称有外资背景的某投资咨询公司的交易员万先生，万先生约英华小姐见面，把自己从事的网上外汇交易吹得天花乱坠，还亲自带她去公司进行了解，几位"客户"都表示万先生的外汇交易让他们赚了不少钱。

英华小姐见状，将自己的年终奖拿出来开户，仅3天后，万先生就告诉她已经赚了近一千美元，还劝她加大投资。为了保险起见，英华小姐没有同意。一个月后，万先生声称看错走势，导致单子无法解套，平均每天都亏损好几十美元。账面上的余额日渐减少，英华小姐仔细看对账单，发现每手交易不管是赢是亏，交易商都从中收取50美元的佣金。随后几个月中，仅佣金的支出就高达上千美元。而且，由于存在卖空操作，英华小姐每天还得支出一笔金额不菲的利息。不到半年时间，英华小姐炒汇的钱就被"炒"完了。

一些从事网上外汇交易的机构在从事相关操作时，为客户埋下重重陷阱。无论是合同的签署，交易员的资质，莫名其妙的佣金、利息等，客户稍不留意，就会上当。更有甚者，部分不法机构甚至压根就不做任何操作，只是提供虚假的对账单，就将客户的钱揣进他们自己的腰包。在选择理财产品时，一定要多加当心，选择正规的理财机构。

3. 委托理财

常女士夫妇都是精英人士，积蓄颇丰，但因工作紧张，无眼打理资产，便根据委托理财广告考察了几家咨询公司，最后选中了一家据称精英人才管理、回报率高达20%的咨询公司，双方签订委托理财合同。之后，常女士一直跟踪该公司的经营情况，两年时间过去了，各种迹象显示，对方不但未能带来所承诺的收益，投资反而出现了不小的亏损。

自己对投资领域缺乏专业知识，委托给他人是否更合适？一些"野鸡"委托理财公司抓住投资者的"保本"心理，在此基础上将盈利"能力"吹得天花乱坠，承诺年收益率从百分之十几、几十甚至几百！盈利能力的浮夸程度，可能恰恰是陷阱深浅的程度。根据国家相关规定，在委托理财关系中，证券公司、信托公司等单方面承诺的最低收益是无效的，也是不允许的。

投资有风险，理财需谨慎。目前，各类互联网理财产品层出不穷，我们在选择理财产品时，一定要审慎选择，对理财产品的提供者、风险程度等进行理性客观分析。切莫要贪图高利息，亦不能轻信诸如"保本保息"的保底承诺。

4."地下保单"

2005年，王老板通过自己的生意合作伙伴林老板认识了来自香港的保险代理人范某。在范某的游说之下，当时不知道保险是何物的王老板在深圳签署了一份香港保险公司的人寿保险，年缴保费约2万美元，合同约定12年缴清，从60周岁时开始返还。

2016年，保险公司突然通知王老板，代理人范某已经"消失"了，此前两年代收的保费也没有交给公司，因此他的这份保单将失效。20多万美元一朝打了水漂，王老板决定退保，经过多次去香港，终于拿回部分投资款。

由于国内保险公司不能提供客户所需的外币给付长期性寿险产品，导致"地下保单"长期存在。"地下保单"在国内不受法律保护，风险极大，一旦发生纠纷，投保人要到港澳地区索赔或者起诉保险业务员，十分困难。此外，还有一些"地下保单"甚至就是伪造的假保单。

王老板的经历是"地下保单"客户中经常遇到的经历：购买之初即有一定的误导成分，还时常发生卷走保费的行为，退保、理赔也波折丛生。

事实上，即使是内地保险理财，也会出现陷阱的可能。为了扩大业务，许多保险公司在产品宣传上煞费苦心，带有明显的误导性；保险业务员也常常以"投保自愿，退保自由"来吸引投资者，但对中途退保使投资者造成的大额损失却只字不提。

05　巴菲特股票投资课

永远不要赔钱

　　投资大师巴菲特在他的投资理论中，讲述了安全边际原则、价值与价格的关系理论、持股方法、选择买卖的最佳时机等一系列简单而适用的投资方法，其中他一再强调的是安全投资原则，保住资本是他的首要的投资原则，是他的整个投资策略的基石，其他每一种原则都会不可避免地追溯到巴菲特的第一条投资法则："永远不要赔钱！"

保住资本永远是第一位的

巴菲特1930年出生在美国西部内布拉斯加州的一个寂静而又安宁的小城奥马哈。他出生的时候，正值美国经济大萧条时期，也是他们家里最困难的几年。父亲霍华德·巴菲特是奥马哈联合大街银行的一名证券推销员。1931年8月，就在小巴菲特还有两个星期就要迎来第一个生日的时候，这家银行倒闭了，他的父亲既失去了工作又破了产，因为他的所有的储蓄都随着这家银行一起烟消云散了。后来他又因为投资股票而血本无归，家里生活异常拮据，为了省下一点咖啡钱，母亲甚至不去参加她教堂朋友的聚会。

看着父母每天为衣食犯愁，巴菲特从小就产生了一个执着的愿望：他要成为一个非常非常富有的人。

5岁那年，巴菲特在家外面的过道上摆了个小摊，向过往的人兜售口香糖。后来，他改为在繁华市区卖柠檬汁。难得的是，他并不是挣钱来花的，而是开始积聚财富。

7岁的时候，巴菲特因为盲肠炎住进医院并手术。在病痛中，他拿着铅笔在纸上写下许多数字。他告诉护士，这些数字代表着他未来的财产："虽然我现在没有太多的钱，但是总有一天，我会很富有。我的照片也会出现在报纸上的。"一个7岁的孩子，用对金钱的梦想支撑着挨过被疾病折磨的痛苦。

9岁的时候，巴菲特和拉塞尔在加油站的门口数着苏打水机器里出来的瓶盖数，并把它们运走，储存在巴菲特家的地下室里。这可不是9岁少年的无聊举动，他们是在做市场调查。他们想知道，哪一种饮料的销售量最大。

他还到高尔夫球场上寻找用过的但可以再用的高尔夫球，细心地把它们按照牌子和价格整理出来，再发给邻居去卖，然后他从邻居那里提成。巴菲特还和一个伙伴在公园里建了高尔夫球亭，生意很是红火了一段。

巴菲特和拉塞尔还当过高尔夫球场的球童，每月能挣3美元的报酬。晚上，看着街上来来往往的车流和人流，巴菲特会说："要是有办法从他们身上赚点钱就好了。不赚这些人的钱太可惜了！"

拉塞尔的母亲曾向巴菲特提出这样一个问题："你为什么想赚那么多钱？"他回答："这倒不是我想要很多钱，我觉得赚钱并看着它慢慢增多是一件很有意思的事。"

少年时代的巴菲特有一本爱不释手的书——《赚到1 000美元的1 000招》，这本书用一些白手起家的故事来激发人们创造财富的欲望。巴菲特沉醉于创业成功者的故事里，想象着自己未来的成功景象：站在一座金山旁边，自己显得多么渺小。他牢记书中的教诲：开始，立即行动，不论选择什么，千万不要等待。

巴菲特11岁那年，他被股票吸引住了。他从做股票经纪人的父亲手里搞来成卷的股票行情机纸带，把它们铺在地上，用父亲的标准、普尔指数来解释这些报价符号。他果断地以每股38美元的价格为自己和姐姐分别买进3股城市设施优先股股票，在股价升至40美元时抛出，扣除佣金，获得5美元的纯利。看着这具有历史意义的5美元，巴菲特感到想象中的金山离自己越来越近了。到了高年级，学校里的许多人都认为巴菲特是股票专家，就连老师也要从他那里挖一些股票的知识。

13岁那年，巴菲特成了《华盛顿邮报》的发行员，并因此成了纳税人。但除此之外，巴菲特一点也不开心，他在学校成绩一般，还时常给老师惹点麻烦。在经历了一次失败的出走后，巴菲特开始听话和用功了。他学习成绩提高了，送报的路线也拓展了许多。他每天早上要送500份报纸，这需要在5：20分前就离开家。偶尔当他病倒时，母亲利拉就帮他去送报，但她从来不要巴菲特的钱："他的积攒是他的一切，你根本不敢去碰他装钱的那个抽屉，每一分钱都必须好好地待在那里。"

这时的巴菲特就显示出了和他的年龄不相称的商业头脑，他制定了最高效率的送报路线，而且还在送报的时候兜售杂志。为了防止读者赖账带来的损失，他免费给电梯间的女孩送报，这样一旦有人要搬走，女孩就会向巴菲特提供消息。巴菲特很快就把送报做成了大生意，他每月可以挣到175美元。到1945年，14岁的巴菲特就把100美元投资到了一块40英亩的土地上。

到高年级的时候，巴菲特和善于机械修理的好朋友丹利开始在理发店里设置弹子机，他们和理发店的老板五五分成，生意非常好，市场不断扩大。但是，巴菲特并没有被利润冲昏头脑，他总是很冷静地在较为偏僻的地方选址，以防地痞流氓控制他们的生意。

1947年，巴菲特中学毕业时，在370人的年级里排名第16。威尔森年鉴上对巴菲特的评价是：喜欢数学……是一个未来的股票经纪家。

父亲坚持要巴菲特到宾州沃顿商学院读书，但巴菲特认为那是浪费时间，自己已经挣了5 000多美元，读了大约100本商业书籍，还要学什么呢？但是父命难违，他还是到了沃顿。巴菲特对沃顿极为厌倦，他认为他懂得的比教授们都多，教授们虽然有着成套完美的理论，但对如何真正赚钱却一无所知。巴菲特在学校里不能安心上课，而是在费城的股票交易所里耗费了许多时间。确实，在沃顿没什么东西可教巴菲特。

1949年夏天，巴菲特离开了沃顿，到内布拉斯加大学去读书。实际上，巴菲特在内布拉斯加大学只是一个名义上的学生，他一边干着全时的工作，一边打桥牌，一边却拿到了学业成绩A。他的积蓄也有了9 800美元。

后来，沃伦·巴菲特成为美国一个神话般的人物。和历史上同时代的大富豪比如石油大王洛克菲勒、钢铁大王卡内基，还有后来的软件大王比尔·盖茨相比，巴菲特不同凡响，其他人的财富都是来一个产品或者发明，而巴菲特却是个纯粹的投资商。他从事股票和企业投资，迄今已经积累了几百亿美元的财富，并成为美国投资业和企业的公共导师。

在近70年的投资生涯里，巴菲特从没有用过财务杠杆，没有投机取巧，没有遭遇过大的风险，没有哪年亏损。不管外界如何风云变幻，巴菲特在市场上一直保持良好的态势，同期没有哪个人能与巴菲特相媲美。严格地说，甚至没有人能够接近他。

对于巴菲特来说，钱赚了就该保存下来，永远不能失去或花掉，保住资本是他的个性和投资风格的基础。巴菲特是极端重视避免损失的人，他说："现在避免麻烦比以后摆脱麻烦容易得多。"保住资本是巴菲特带人投资市场的基础，是他所有投资策略的基石。

早期的艰苦生活让巴菲特痛恨财富的损失。他的一句名言广为流传：

"投资法则一，尽量避免风险，保住本金；第二，尽量避免风险，保住本金；第三，坚决牢记第一、第二条。"

大师心里的那本账，其实普通投资者也能算得清楚——如果你损失了投资资本的50%，必须将你的资金翻倍才能回到最初起点。如果你设定年平均投资回报率是12%，要花6年时间才能复原。对年平均回报率为24.7%的巴菲特来说，要花3年零2个月。在保本基础上赚钱，而且避免赔钱比赚钱要容易。

保住资本并不意味着在投资市场上缩手缩脚，而应该积极展开管理风险。

作为一位市场生存大师，索罗斯的父亲教给他三条直到今天还在指引他的生存法则："冒险不算什么；在冒险的时候，不要拿全部家当下注；做好及时撤退的准备。"

投资股票应"三思而后行"

巴菲特认为要投资股票市场就要认识股票在投资理财中的优势，这些优势主要表现为：

1. 有可能获得较高的风险投资收益。如果投资者选准了股票，并且能够在市场的周期性低点买入，那么，投资者就有可能获得高额的投资收益。

2. 选择有发展潜力的股票，可以获得长期、稳定、高额的投资收益。当然，要获得这样的投资收益，其前提条件是，证券市场必须是健全的、规范的投资市场。虽然这个市场允许投机，但不应是一个完完全全的投机市场。

3. 操作简便、套现容易。无论是大宗交易，还是小额交易，都无须以现金交割的方式完成，可以提高交易的安全性。

巴菲特说，股市中的风险无时不在。但是不要畏惧风险，毕竟它是可以防范和控制的。应对风险的第一步是认识风险、了解风险。总体来说，股票市场上存在着三类风险：

第一类是市场价格波动风险。无论是在成熟的股票市场，还是在新兴的股票市场，股票价格都总在频繁波动，这是股市的基本特征，不可避免。美国股市曾经遭遇"黑色星期一"，投资者这一天的损失就高达数千亿美元。我国股市也在跨越熊市的过程中，许多高位买进的投资者深受被套的煎熬。

第二类是上市公司经营风险。股票价格与上市公司的经营业绩密切相关，而上市公司未来的经营状况总有些不确定性。在我国，每年有许多上市公司因各种原因出现亏损，这些公司公布业绩后，股票价格随后就下跌。

第三类是政策风险。国家有关部门出台或调整一些直接与股市相关的法规、政策，对股市会产生影响，有时甚至是巨大的波动。有时候，相关部门出台一些经济调整政策，虽然不是直接针对股票市场的，但也会对股票市场产生影响，如利率的调整、汇率体制改革、产业政策或区域发展政策的变化等。

巴菲特说，投资的关键在于懂得怎样自救。而要有自救的能力，必须在开始的时候就考虑周全些、谨慎些，不要一下子把全部资金投入进去，手头经常留有数量较大的备用资金。"如果经济状况欠佳，那么，第一步要减少投入，但不要收回资金。可以先投石问路。当重新投入时，一开始投入数量要小。"巴菲特如此告诫投资者。

可是，股市上总有一部分缺少耐心的股民，一看到股价上升了，就急不可耐，倾其所有，全情投入，期望一夜之间，成为股市大户。然而，期望往往会变成失望，当他们无法把握暴涨暴跌交替过程的转折点时，他们的投入将血本无归。

巴菲特说："慎重总有好处，因为没有谁一下子就能看清股市的真正走向。5分钟前还在大幅上扬的股票，5分钟后立即狂跌的事时常发生，根本无法一眼准确地断定这种变化的转折点。所以，在大规模投资之前，必须先试探一下，心里有底后再逐渐加大投资。"

某次，巴菲特曾经和他的合伙人准备就石油股买入3亿美元的股份。一开始，他们只买了5 000万美元，然后才逐步增加，直到买入3亿美元。

巴菲特说："我不能断定石油股一定会涨，我只有先投资小部分，然后去观察。我得先感受一下市场的情况究竟如何。我想想看，作为一个抛售者，我的感觉怎样。如果感觉很好，很容易把这些股票抛售出去，那么，我会更想成为一个购买者。但是，如果这些股票实在难以抛售，我就不能肯定我还会做一个购买者。这时，我将考虑撤出我的投资。"

巴菲特认为，慎重不是保守，更不是胆小，而是一种修养，一种策略，一种准备。

鲁莽与错误相伴，慎重与正确相随。要减少投资损失，或赚取巨额利润，谨记住：慎重投入总是对的。

持股时忌讳投机心态

巴菲特认为，投资体现了一种积极的理财行为，能够为投资行为人带来美好的生活和快乐的心情。特别是在我国，经济日趋市场化，人们生活中遇到的经济事务越来越多。竞争已成为我们时代生活的主题，因此，投资代表了愿意接受挑战、积极参与竞争、体现个人能力、发挥个人潜力的奋进精神。那么究竟什么是投资呢？

巴菲特的老师格雷厄姆对投资进行了科学的定义：所谓投资行为，就是经过全面彻底的分析，能够确保本金的安全并获得充分的回报。一切不合乎以上原则的行为都属于投机。

根据格雷厄姆的投资定义，投资行为有严格的规则。其一，一切可以称得上投资的行为都必须建立在全面而彻底的分析基础上。建立在任何消息、想象或臆断基础上的匆忙购股都是一种盲目的冲动，是在搏一种无法确定的可能性，也就谈不上投资。传奇基金经理彼得·林奇曾经劝诫说：不做分析就购买股票，就像不学驾驶就开车上路一样。可以想象一个毫无驾驶经验的人开车，可能产生什么样的结果。如果你是同样的盲从者，上了这位先生的车，进行股市淘金之旅，你有信心战胜股市风风雨雨满载而归吗？华尔街天才少年司徒延恩发现，许多人花在快餐店选择吃哪种汉堡的时间甚至比花在选择买何种股票上的时间还要多。在证券市场上，消息泛滥，流言盛行，着实令人吃惊，许多人都是根据传言买入卖出股票，比如"某某机构做某某股票啦，主力准备把某某股票炒到多少价位啦"等，而且对诸如此类的传言，"传言者"大多不会忘记加一句"据说是很可靠的"。流言的产生可能有着复杂背景，有些是出于某些投机人特定的目的；有些甚至就是某些市场人士的信口雌黄。在我们现在尚不成熟的市场上确实存在着内幕消息的外泄。但是对普通的个人股民，谁又能分清其中的真假虚实？许多传言都打着内幕消息的幌子。不做分析，根据传言、臆断和猜测买卖股票就是投机的开始。

其二，投资的行为要能确保本金的安全。证券市场是一个高风险的市场。风险的意义何在？就在于它常会使其中的游戏参与者遭受资本金损失。大家都知道，在激烈竞争的时代，赚钱不容易。证券市场上，前一笔收益100％，下一笔只要损失50％，就又回到了起点。由于股市存在许多假想和陷阱，很容易发生损失。也正因为如此，许多实际上是由于自己的错误而发生的损失，总能为自己找到各种各样的心理安慰，并且很快就忘掉那些不愉快的经历，很少去总结失败的经验教训。许多人都希望自己手中的股票一买就涨，对获利的期望远远大于可能发生的损失。

不在意股市短期内的涨跌

巴菲特只注意两点：

A. 买什么股票；

B. 以什么价格买入。

巴菲特的投资是以价值为导向，只注重股票的内在价值，对于股市短期内的涨跌变化不甚关注，他的大部分精力和资本用在寻找并投资好的企业上。他认为，一个好的企业一方面要有长期发展的基础和潜力；另一方面，好的企业必须有为股东的长期利益着想的管理层。这个管理层需要由负责任的人员组成，并在企业里占有一定的股份。巴菲特从不追逐市场对某个企业的估价，不因为一个企业的股票在短期内会大涨就去跟进。相反，他会竭力回避被市场高估价值的企业。一旦投资于一家自己中意的企业，他就会长期持有其股票。这家企业的长期成长会给他的投资带来良好的回报。

在股市上，如果效仿巴菲特，不理会短期内股市的涨跌变化，首先就得像巴菲特那样买入值得长期持有的优质股票，如果买入了一只前途渺茫的劣质股票，是无法叫人高枕无忧的。那么首先应该解决的问题就是买什么样的股票？总的原则是这样的，只有有持久竞争优势的公司才能够以垄断者的地位来获利。其竞争优势越持久，所创造的获利能力就越强大，正是这一点使巴菲特确知这样的公司会渡过任何难关，并使沉沦的股价向上提升。所以说持久性竞争优势能确保那些企业为他带来长期的财富。一般说来，企业的持久竞争优势可以表现为两个重要方面：一是低成本的持久性；二是品牌优势的持久性。

必须注意的一点是，优质公司的股票其价格常常没有大变动，投资者不能只注意到它是优质公司就不顾一切地买进。买入价格常常决定报酬率的高低，所以要获得高出平常的报酬率，就得用较低的价格买进优质公司的股票。不然，高进高出，等于白费力气。所以，买入时机是投资制胜的关键。在股市上，股票价格是动态的，处于不断变化之中，质地优良的公司股票尽管很难有超乎寻常的低价位，但当意外情况发生时也会有令人惊喜的低价位。如果买入价格合适，就会有可观的收益和报酬率。

长期持有并管理手中的股票，耐心等待企业的成长。巴菲特坚守自己一贯的长期投资理念，凭着内在价值高于市面价值的投资理论选择投资对象，当公司股价被市场严重低估时大量买进，然后一路持有。如今，巴菲特持有美国运通、可口可乐、迪士尼、吉列刀片、麦当劳及花旗银行等许多大公司的大量股票。数十年之间股市风起云涌，跌宕起伏，但巴菲特几十年如一日地持有自己选定股票。当有人问及巴菲特他死后对他所投资的公司会有什么影响时，他调侃地说："可口可乐短期内的销售量可能会暴增，因为我打算在陪葬的飞机里装满可口可乐。"这很形象地阐释了他的投资理念。巴菲特对可口可乐情有独钟，他的夫人苏珊亦曾调侃道："巴菲特的血管里流的不是血而是可乐。"与自己选择的投资对象生死相伴的人，是不会在乎股票的短期涨跌变化的。他曾经劝告那些渴望一夜暴富的投资者：指望你买进的股票立刻上涨是不现实的。最好的方法就是在适合的价位买进自己中意的股票，然后静静地等待它上涨，达到自己的预期目标。

　　投资股市大可不必每日盯着股价波动，毕竟上市公司的股价波动与公司经营无关。一旦买进，就远离股市，免受市场上盲目情绪的影响，而干扰自己的计划。即便是买进股票后股价下跌，使自己遭受了暂时的亏损，也不必太过在乎，只要股票的基本面没有大改变，因市场波动而影响股价是不值得大惊小怪的。把目光放远一些，让股价同企业一起成长。

构建自己的投资组合

传统的投资组合理论强调分散投资。通常资金会被分散在不同的投资市场，而在同一个市场内，也会将其分散于不同的投资工具。如股票市场，分配在股市的资金会再被用于分别购买大蓝筹股票和二二线股票。每类股票又可细分为科技股、工业股、综合企业股等，此外又会买卖期指、期权、认股证等。总之，资金绝不会只集中于某只股票，或某类型的投资工具。

另外，分散于不同的投资工具的金额就看每一种投资工具的风险程度。风险越低、越保险的，投资额就会越高。风险越高、随时可以亏本的，投资额就越低。这样可以使投资人尽量保障自己，不致受到无端市场变化的影响而遭受损失。传统的投资组合有它的优点也有它的缺点。

1. 它纯粹从风险角度出发，忽视了管理这种投资组合的时间耗费。

2. 有时，即使是高风险的投资，只要是走短线，一样可以是很低风险的买卖。譬如一些三四线股票，如果只是以即日市形式买卖，绝不过夜的话，风险成本很低。

3. 相反，一些表面上风险低的投资，譬如大蓝筹股，在遇到譬如金融风暴之类的冲击时，在中线而言，风险一样很高，当时可能并不适宜继续持有。

4. 长线投资仍然要看市势。有弹性地处理投资，可能胜过传统的投资组合方法。

巴菲特建议构建新的投资组合方法。以往的组合方法，是将资金分散于不同的投资工具，然后按其风险高低而投入不同比例的资金。风险越高的，资金投入越少。

巴菲特的投资组合却是以该种投资工具管理所需要的时间作为出发点。越需要时间看着市势而做出决定的投资，投资额应该越低。越不需要花时间去打理的，投资额可以越高。其比较如下表所示：

投资工具	所花时间	投资金额
大蓝筹股票	最少	最多
基金	很少	可以较多
即日市（当日或隔日买卖）	只一日	可以较多
实力二线股	不多	可以较多
长线认证股	比较少	比以上少
期权	时间较多	更少
期指	时间最多	最少

投资人可以自己衡量一下自己的时间分配。越是要花时间的投资，越难打理，越要花心思。这类投资就应该比例上最小。

人的时间精力是有限的，千万不要使自己为管理投资组合疲于奔命。不用太多时间管理的，却可以投资多一些，使自己有更多空闲时间休息、娱乐、陪伴家人、旅游等。以时间管理作为投资组合的衡量准则，使你的投资更有效率。

06 巴菲特选股原则课
选择一流股票的圣经

　　如何才能选择到一流的股票？在这方面，股神巴菲特的选股原则值得我们借鉴。巴菲特在选股的时候，主要对一家公司的全貌进行综合的考察，他认为，只有当优良公司的股票被市场低估的时候，才是投资的极好机会，总的来说，巴菲特寻找经济情况良好、具有长久的竞争优势并且管理者能充分地维护股东权利的公司，他认为这样的股票才具有吸引力，也才值得去投资。多年来，巴菲特的选股方法为他带来了丰厚的回报，迄今个人财富已位居世界前列，被誉为"世界上最伟大的投资家"。

寻找长期发展稳定的产业

巴菲特一再强调，在选择投资目标时，一定要选择具有稳定发展前景的产业。

早在1967年伯克希尔用860万美元的价格并购了国家产险和海火险公司以后，当年他们的保费收入就达到了2 200万美元，一直到1977年，累积的年保费总收入已经达到1.51亿美元。

巴菲特在美国运通股价最低的时候买入该公司5%的股票，随后将近两年时间，运通的股价就大涨了3倍。五年后，运通股票涨了5倍，股价从35美元上涨到了189美元。

巴菲特在伯克希尔1994年的年报中对他投资美国运通的历史进行了分析，他认为正是对该公司的长期了解才会大笔增持了该公司的股票，后来看来这是很明智的投资行为。由此可见，一个具有稳定发展前景的产业，拥有较大的赢利空间，将会给投资者带来丰厚的回报。

那么，我们怎样去辨别哪些是具有长期发展稳定的产业呢？

要选择具有长期发展稳定的产业首先应考虑其周围环境，一方面看外部的宏观环境，比如自然、社会、人口、技术、政治、经济、文化、传统、法律等各种因素；另一方面，要看产业的竞争环境，其产业内的竞争对手情况、买方、供应商、替代品生产厂商、潜在进入者等。

通常，产业外部的宏观环境对企业起到间接的影响，而产业竞争环境则会对企业的发展起到直接的影响。

其次，还要考虑产业结构。产业结构对企业的竞争优势确立和其可持续发展起到深远影响。产业之间的竞争不断降低某个产业的投资资本收益率，当某个产业的收益率低于投资资本要求的最低收益率水平时，一些投资者就因为无法承受长期的低收益率，甚至亏本的危险，而及时退出该产业，转投其他有更高收益的产业，这样，原来投资的产业竞争压力减弱，收益率会逐渐回升。当某个产业收益持续走高，那么，就会有越来越多的资金流入该产业分割这块蛋糕，直到市场竞争越来越激烈，产业收益逐渐下降，直到最低，挤走一些投资者，这样，这个产业才逐渐反弹。

既然市场就那么大，怎样在市场上持续占据一定地位，就要看该产业结构是否合理，能否顶住高竞争压力，或者是否拥有特权产业结构。

另外，在投资某类产业时，一方面要考虑该产业是否具有足够的吸引力，也就是其平均赢利能力是否足够强。另一方面还要考虑该产业的结构变化程度是否较大，是否具有稳定性。综合这些分析，我们才能尽量比较准确地投资有发展的产业。

选择容易了解的企业

巴菲特认为，投资人财务上的成功和他对自己所做之投资的了解程度成正比。这一点可以用来区别以股价走向作为选股依据的投资人以及那些抱着投机心态，整天抢进抢出的投资人。

巴菲特认为，对于投资者来说，不了解所有行业的经营状况并不重要，重要的是要了解自己熟悉哪些行业，自己的能力圈有多大。投资者只需在自己熟悉的能力圈范围内挑选有价值的股票就可以了。

由于每个人的生活经验和知识能力有限，所以谁也不可能成为每个行业都知晓每个行业都精通的专家。有些人觉得因为自己不了解所有行业所有才投资失败，但巴菲特觉得，是否了解所有行业的发展状况并不那么重要，关键在于你要在自己熟悉的能力圈内投资。只要你的投资范围不超越自己的能力圈边界，那么懂不懂其他行业的知识对你的投资一点都没有影响。其实投资者要做的很简单：首先了解自己熟悉哪些行业，确定自己的能力圈范围有多大，然后在能力圈的边界内寻找具有投资价值的企业，在合适时机买入。

巴菲特选择投资《华盛顿邮报》，就在于他对报业的深刻了解。巴菲特的祖父曾经拥有并且主编过《克明郡民主党报》，一份内布拉斯加州西点市的周报；他的祖母在报社帮忙并且负责印刷工作，他的祖父总是喜欢提醒别人：我在格雷厄姆买下《时代前锋报》前，就已经将这两个报纸给并购了。

很明显地，巴菲特非常了解报纸丰富的历史，他认为《新闻周刊》是一个可以预测其未来的企业。他也很快地就知道了公司电视台的表现。公司多年来，《华盛顿邮报》一直报道他们广播部门主要的绩效。巴菲特根据他的经验和公司成功的历史判断，他相信这家公司拥有一贯优良的营运历史，未来的发展前景也必定是美好的。

巴菲特是世界知名的投资专家，但巴菲特也并非对每个行业都精通。巴菲特曾经不止一次表示过，他对分析高科技公司不在行。1998年高科技股票风靡全球。在当年的伯克希尔公司股东大会上，股东们问巴菲特是否打算投资高科技公司，巴菲特幽默地说："这也许很不幸，但答案是不。"巴菲特说，他很崇拜安迪格鲁和比尔·盖茨，但是他不会购买英特尔和微软的股票。他觉得自己不了解高科技这个行业。

巴菲特说，在分析可口可乐公司时，他可以理性地预测出可口可乐公司未来10年的现金流量；但在分析这些高科技公司时，他无法预测出这些高科技公司未来10年的现金流量。如果连未来的现金流量都预测不出来还购买这些公司的股票，巴菲特认为这就不是投资而是赌博了。虽然很多人都在高科技投资上赚了很多钱，但巴菲特不会嫉妒，也不会沮丧。他觉得不懂高科技并不是一件多么丢人的事情。术有专攻，每个人有每个人擅长的领域。既然高科技不在他的能力圈范围内，那么他愿意远离高科技股票，而是继续和那些他了解的公司打交道，在自己有明显优势的领域内发挥自己的投资才能。

既然连股神巴菲特都无法精通所有行业，那么我们普通投资者也不必为了自己无法了解所有行业而沮丧。只要我们坚持只在我们的能力圈范围内投资，我们的投资风险就会更小，获得丰厚回报的可能性就更大。

注重拥有特许权的经销商

巴菲特喜欢把经济市场分成一小群有特许权的团体和一个较大的商品企业团体，后者大多数是不值得投资的。他将小部分拥有特许权的团体定义成提供商品和服务的企业，而这些商品和服务的特点是有消费需求、无近似替代性产品和不受法律规范约束的。因为具有这些特色，使得有特许权的经销商可以持续提高其产品和服务的价格，而不用害怕会失去市场占有率或销售量。

一般而言，有特许权的经销商甚至在供过于求，以及产能未完全利用的情况下，也能提高商品的价格。像这样的价格变动能力是此类经销商重要的特征之一。这使得它们获得较高的资本投资报酬率。有特许权的经销商另一个重要的特征是拥有大量的经济商誉，这使得它们有较高的耐力去承受通货膨胀所带来的影响。

巴菲特表示："我所喜欢的企业，一定具有我所能了解，并且认定它能够持续长久的经济优势。"可口可乐公司就是巴菲特特别满意的一项投资。他认为可口可乐公司在消费者的眼中已经建立起了不可取代的地位。无论是品牌认知度高还是渠道消费垄断方面都做得相当不错了，所以他认为这个公司最具投资价值并是值得长期持有的明星公司。在1995年度报告中可口可乐公司宣称:"如果我们的公司被彻底摧毁,我们马上就可以凭借我们的品牌力量贷款重建整个公司。"正是凭借品牌形象这一无形资产,使得可口可乐公司在百余年的风雨历程中获得了巨大的经济效益和社会效益。

大多数拥有特许权的经销商,也都拥有经济上的优势。一个主要的优势是,他们拥有随时抬高价格,以及在投资资本上赚取高额利润的能力;另一个优势是,他们能够在经济不景气的时候生存。巴菲特认为,最好的情况莫过于犯了错还能够获得高额报酬。他说:"特许权经销商能够容忍经营不善的失误。不当的管理会减少特许权经销商的获利能力,但不至于造成致命的伤害。"

巴菲特投资了大部分具有特许经营权的股票,这些股票都属于生产消费型产品的企业。

以中国的企业为例来说,中国改革开放多年,在面临日益高涨的全球化浪潮的冲击下,形成强大商誉,并能够在激烈的市场竞争中获得超额利润的百年老店已经不多了。再看一下中国的消费品市场到处充斥着国外的世界级名牌,比如,可口可乐、高露洁、飘柔、立顿、箭牌、统一、康师傅……中国的这类企业很难与他们抗衡,这都是很难符合巴菲特选择标准的。所以,在中国股市中要找到具有特许经营权、能形成行业壁垒并获得超额利润的企业真的十分困难。

但是可以找到其他的投资对象，比如茅台、张裕、云南白药这些都是百年的杰出代表，在一些新的品牌中，伊利、双汇又是其中的佼佼者，这些都很接近巴菲特垄断性企业的判断标准。但是伊利市场的竞争的激烈到了白热化的程度，牛奶卖得比水还便宜，在这一浪接一浪价格战发生之后。伊利不但没有获得超额利润的能力，而且利润率也呈逐年下降的趋势，净资产收益率低下，净利润增长率远赶不上营业收入的增长率。这写都说明了伊利目前正处于最激烈的自由竞争时期，仍然不属于我们要寻找的垄断型企业。但这并不妨碍它将来可能成为这样的企业，如果它和蒙牛完成市场的占有过程，形成双寡头垄断格局，那个时候它就是我们很好的投资标的了。所以对于中国的投资者而言，在判断垄断性企业时不能拘泥一个概念，要综合分析企业的投资价值后。

　　消费垄断型公司相对于从事普通业务的公司具有获利潜力和发展前景。这类企业即便是在经济不景气的情况下也由于其所从事的业务具有消费垄断，而不会对其获利能力有很大的影响。投资者在选择投资目标时，问问自己，如果投资一笔钱，请来最好的管理者，而且又宁可赔钱也与它争市场的话，我能够占领它的市场吗？如果答案还是不能的话，那它就是一家很优秀的公司，在我们投资的首选之列。但是投资者需要注意的是，也并不是所有的垄断企业都是值得投资的对象。像电力、煤炭、港口、机场、高速公路等公用事业价格受到严格的监控，赢利一般不会超过市场平均水平，市场相对比较稳定，很难持续增长。

持续获利的企业更值得选择

巴菲特说，我一直辛辛苦苦做的事就是，寻找最优秀的公司，具有很强的定价能力，拥有一种垄断地位。对那些不需要投入太多资本就能实现持续增长的超级明星公司更为钟爱。

对于企业的利润，巴菲特有着自己独特、简单的看法。巴菲特根据长期投资得出结论，有两种公司最值得投资。

一是具有持久竞争优势的品牌公司。这些公司以生产品牌产品为主，消费者因为认同其品牌，在通常情况下都会选择购买其产品，这样其产品就会具有消费垄断优势，这类公司因而具有持久的竞争优势。即使在经济不景气的情况下，因为消费者群体对其产品的信赖，这类公司的获利也不会遭受很大影响，不会大起大落，从而能给投资者带来长久的稳定的收益。

二是最有效率的公司，提出这一标准是从经营管理的角度出发的。在一个相关行业的所有企业中，如果某一公司的管理人员特别注重管理效益，讲究节约管理成本，能以最低成本进行公司的运作，这类公司也是有投资价值的。许多公司之所以能成为品牌公司，以最低最省的成本运作是其成功的重要原因，即便在经济不景气的情况下，由于其运行成本较低，利润也有一定的保障，在某种程度上保证了投资者的利润。而那些管理经营成本高于同行的公司，迟早会被淘汰出局，成为品牌公司更是毫无可能。

巴菲特在1979年的时候购买了美国通用食品公司的股票，当时每股价格是37美元，他一共购买了400万股。他之所以看中该公司的股票，就是因为这个公司有着高额利润，从该公司的经营历史来看，其利润每年以8.7％的比率递增。巴菲特的判断是对的，该公司1978年每股利润是4.65美元，到1979年，其股票每股利润出现巨额增长，高达12美元。其后平均每年以8.7％的速率增长，到1984年，公司利润涨到每股6.96美元，这段时间内，通用食品公司的股票价格也一直上涨，至1984年达到54美元。

巴菲特看中的这类高成长、高回报的公司得到其他投资者的认同。1985年，菲利普·莫里斯看到通用食品公司的投资价值，以每股120美元的价格从巴菲特手中购买了其全部股票。巴菲特因此大赚一笔，其投资年平均收益率达到21％。

巴菲特对其他公司股票的投资也与此相类似，十分注重公司的行业是否具有消费垄断优势，是否具有稳定的经营历史和稳定的收益，是否具有长远的发展潜力和前景。这是巴菲特在决定投资某个企业时特别注重的。在巴菲特长期持有的几种股票中，大多都像通用食品公司一样能够让他获得丰厚的利润。

另外，巴菲特在其后的投资活动中，对公司管理水平等质量因素的重视，有时甚至超过了对公司可测算的数量价值的重视。

例如，美国的可口可乐公司是有着近百年经营历史和著名品牌的公司，该公司创立以来，一直能够持续发展。但在20世纪70年代初，由于董事长保尔·奥斯汀的刚愎自用和管理的无能，导致该公司上下管理混乱，投资频频失误，员工人心涣散，税前收益逐年下降，公司的发展前景堪忧。80年代初，奥斯汀被迫辞职，改由格伊祖塔担任公司董事长。格伊祖塔有着杰出的领导才能和良好的人格，他上任后大力提高可口可乐公司的管理水平，削减各项开支，取消各种与本行业无关联的投资，制订新的发展计划，可口可乐公司在格伊祖塔的领导下，不久又显现出勃勃生机。而反映在股票市场上，该公司的股票价格也逐年走高。1988年，巴菲特出巨资投资该公司股票时，该公司的股票市价已比1980年增长4倍。因此，从当时的角度上看，巴菲特是在"追高买进"，显然不是很明智的做法，当时华尔街的证券分析家们对巴菲特此举也持否定态度。事后，巴菲特就此事接受美国《机构》杂志记者特纳的采访时认为，他这次花巨资（10亿美元，是巴菲特最大的单笔股票投资）购买可口可乐公司的股票，是因为对罗伯托·格伊祖塔的领导才能充满信心，可见巴菲特对公司管理水平和领导者才能的重视，在他的公司内在价值分析方法中，已提高到相当重要的地位。

巴菲特在1988年至1989年购买的10.2亿美元可口可乐公司股票，至1996年，市值已达71亿美元。短短7年时间，便为巴菲特赚进60亿美元的财富。而可口可乐公司在格伊祖塔的领导下，股票的市场价值已从1980年的41亿美元增加至1996年的1 150.7亿美元，仅次于通用汽车的1 373.4亿美元，位居世界第二位。这同样也证明了公司的管理水平和领导者的才能在公司的投资价值中占据着重要的地位。

可见，选择持续获利公司，要重点抓住那些具有消费垄断，能够获得较大利润的品牌公司，这些公司大多具有持久获利的能力，能够为投资者带来丰厚的回报。在选择这些公司的时候，对管理人员的经营效率应该重点考察，那些能够以最低成本运作的公司与同行业其他公司相比，常常具有较强的获利能力。选择这些质地优良的公司，就能像巴菲特那样战胜市场，赢得丰厚的利润。

精心选股，集中投资

巴菲特建议投资者应该集中投资于自己最了解、风险最小、最优秀的公司："如果你是一位学有专长的投资者，能够对企业的经济状况有所了解，并能够发现5到10家具有长期竞争优势且股票价格合理的公司，那么对你来说传统的分散投资就毫无意义，那样做只会起到损害你的投资成果并增加投资风险。但是令人不解的是，为什么那些分散投资的信奉者会选择一家在他喜欢的公司中名列第20位的公司来进行投资，而不是很简单地只投资于他最喜欢的公司——他最了解、风险最小、并且利润潜力最大的公司。用预言家梅伊·韦斯特（Mae West）的话来说：好事多多益善。"

巴菲特认为必须集中投资于投资人能力圈范围之内、业务应该简单且稳定、未来现金流能够可靠地预测的优秀企业："我们努力固守于我们相信我们可以了解的公司。这意味着他们本身通常具有相当简单且稳定的特点，如果企业很复杂而产业环境也不断在变化，那么我们就实在是没有足够的聪明才智去预测其未来现金流量，然而实际的情况是，这个缺点一点也不会让我们感到困扰。对于大多数投资者而言，重要的不是他到底了解什么，而是他们真正明白自己到底不知道什么。只要能够尽量避免犯重大的错误，投资人只需要做很少几件正确的事情就足可以保证赢利了。"

美国投资大师林奇在《战胜华尔街》中就表达过类似的观点："在众多的股票中找到几个十年不遇的大赢家才是你真正需要的。如果你有10种股票，其中3种是大赢家，一两种赔钱，余下6～7种表现一般，你就能赚大钱。如果你能找到几个翻3倍的赢家，你就不会缺钱花，不管你同时选了多少赔钱的股票。如果你懂得如何了解公司的发展状况，你会把更多的钱投入到成功的公司中去。你也不需要经常把钱翻3倍，只需一生中抓住几次翻3倍的机会，就会建立相当可观的财富。假若你开始投资时用1万元，然后有5次机会翻3倍，你就可以得到240万美元；如果有10次翻3倍的机会，你的钱就变成了5.9亿美元。"

我们可以用一个例子来说明。假设一名投资者用10万投资，第一种情况是全部资金投资于一只股票，这个股票一年的收益为50%，那么如果股票下跌将会带来较大损失，此种情况下如果利用优势认真研究，将会在集中投资的情况下集中受益。

第二种情况是投资50%的资金于一年的收益为50%的股票，50%的资金投资于一只收益为30%的基金，它会在一定程度上降低收益，同时风险也有所降低，是一个理想的选择。但是失去了最大收益的机会，没有充分发挥优势。

第三种情况把30%的资金投资于收益为50%的股票，30%购买收益为30%的基金，20%买收益为10%的一只股票，20%存入银行，收益率为2%。此种情况下大幅度降低风险的同时也大幅降低了你的收益。是一种最保守的投资策略，过分分散，还不如购买基金或国债。如果分散买入多只股票，那么失败的可能性更大，因为散户既然连一只股票都不能选好，选好多只股票的概率会更低，按照一个无效的思路选股会造成很大的失败。因此，还是稳妥一点，采用集中投资，快而准地抓取你的收益。

其实，对散户来说，集中投资是一种快而准的投资方式。因为个人投资总相对于机构投资者在集中投资上更有优势。机构投资者即便再集中，因为政策确定、回避风险和其他基金的竞争不可能使其资金过分地集中在几只股票上，个人的特征也决定了进行集中投资是快而准的。

在某种程度上，集中投资是对投资不确定性的一种回避，使投资尽量具有确定性后才投资，这在客观上存在一定难度。集中投资具有将更大比例甚至全部比例的资金筹码投资于高概率的收益品种上的特点，在集中投资前，精密仔细地分析研究和把握是必需的，在投资的过程中散户需要做到富有耐心、客观地、仔细地分析以应对股神不可预测的风险。

对于投资者而言，无论是在熊市或牛市，集中投资一只好的股票(以好的价格买到合适的股票)都是一种超值的回报。分散投资尽管有助于分散风险，但是也分散了收益。

07　索罗斯基金投资课

让钱生钱成为可能

金融巨鳄索罗斯说："我生来一贫如洗，但决不能死时仍旧穷困潦倒。"狙击英镑、席卷东南亚、妄图做空人民币，量子基金横扫国际市场，索罗斯成为投资界的传奇，他将自身的哲学思想与市场的运行规律结合，实现了理性指导与实际操作的完美融合，从而成了基金投资的灵魂人物。我们都希望自己能够在生活与金钱中游刃有余，但是后者往往不尽如人意。在如今中国经济的大好形势下，投资基金也许是个不错的选择。我们可以学习神奇人物的灵魂规则，让钱生钱成为可能，从而保证自己在金钱方面拥有一定的自由。

把握基金，在你认识它之后

对于基金投资，我们当然是想把握好它，为自己赢利。进行投资并不是仅仅只要保住资本就可以了，如果是这样，那还不如把资金放在银行里更稳妥。索罗斯虽然把生存放在第一位，但绝对不会放弃赚钱的机会，并且还会千方百计寻找甚至制造这种机会。对于普通的基金投资者来说，投资的最终目的是为了收益，但不是任何人都能获得投资收益的，有人赚钱必然会有人赔钱，有人投资成功必然会有人投资失败。失败的投资者往往没有认识到对事物的深刻理解是成功的一个根本性先决条件。他们很少认识到盈利机会存在于他们自己的专业领域中。而成功的投资者知道自己在做什么，只做自己熟悉的，投资于自己所懂的领域。其实要"懂"一样东西需要时间和心血。对于投资基金来讲，同样如此。首先我们需要做的就是"懂"基金，起码要弄明白到底基金是什么，正所谓，把握它，总是在你认识它之后。所以我们要了解大家所认为的基金投资是什么，它与其他的投资方式相比较都有什么区别，它有什么优势……

基金其实就是指专门用于某种特定目的并进行独立核算的资

金，比如，养老保险基金、退休基金、财政专项基金等。但是，我们一般说的是"证券投资基金"，简称为"基金"。它是一种利益共享、风险共担的集合证券投资方式，即通过发行基金单位，集中投资者的资金，由基金托管人托管，由基金管理人管理和运用资金，从事股票、债券、外汇、货币等金融工具投资，以获得投资收益和资本增值。

基金在不同国家或地区的称谓有所不同，美国称为"共同基金"，英国和我国香港地区称为"单位信托基金"，日本和我国台湾称为"证券投资信托基金"。简单地讲，基金其实就是一种专家帮普通投资者赚钱的组织形式和手段。

基金的资金来源是通过发行证券投资基金单位募集资金。我们都知道股票是以"股"为单位，而基金则是以"基金单位"为单位的，就是在基金初次发行时，将其总额划分成若干等额的整数份，那么每一份就是一个基金单位。例如某基金单位发行总额20亿元，将它等分为20亿份，每一份代表投资者1元的投资额，即一个基金单位。基金单位是一种代表基金持有人所有权的有价证券，性质类似于股票。投资者们可以通过基金单位享受相应的参与权、收益权、剩余资产权等基金持有人的权益。

基金的投资领域主要限于证券市场，主要从事股票、债券等有价证券的投资。根据证券投资基金的相关法律规定，这种基金投资到证券市场的份额一般不低于资金总量的70%。投资者们将资金集中起来成立一家证券投资基金组织，然后将这笔资金委托给基金管理人进行运作，并且委托基金托管人管理基金资产，并监督基金管理人对基金资金的运作。

投资总是要承担一定风险的，所以基金的运行原则就是投资人与基金管理公司共同承担风险和享受收益。基金本质上是一种独立核算的投资组织。尽管投资者委托给基金管理人运作，但基金管理人必须单列账户，进行独立核算，不能将投资人的资金与自身资金相混合，也不能利用这些资金当作抵押或担保以获取自身利益。因此，证券投资基金不同于一般股份有限公司，也不同于商业银行和一般的非银行金融机构。这是一种将社会上闲散资金集中起来进行投资的独立核算机构。

基金的当事人主要有三个。基金持有人，即基金投资人，是基金单位或受益凭证的持有人。基金持有人可以是自然人，也可以是法人。他们享有参与权、收益权、剩余资产权等，同时也承担遵守契约、缴纳费用等义务。持有人大会是基金持有人主张自己权利的重要组织形式。还有就是基金管理人，即负责管理和运作基金资产的机构。证券投资基金的管理人由基金管理公司担任。设立基金管理公司必须符合一定的条件，即：发起人实收资本不少于3亿元；拟设立的基金管理公司最低实收资本为1 000万元；有明确可行的基金管理计划；有合格的基金管理人才等。最后是基金托管人，其实它就是一种机构，按照"管理和保管分开"的原则安全保管基金资产，监督管理人的运作。它通常由有实力的商业银行担任，因为基金的资产不能放在基金公司手里，基金公司和基金经理只管交易操作，记账管钱的事需要找一个擅长此事又信用高的人来负责，这个角色当然非银行莫属。当然银行的劳务费也得从大家合伙的资产中按比例抽一点，按年支付。

这三者之间的相互关系建立在信托关系基础上：持有人与管理人之间的关系是委托人、受益人与受托人的关系；管理人与托管人之间的关系是委托人和受托人的关系；持有人与托管人之间的关系在公司型基金中是委托人与受托人的关系，在契约型基金中是收益人与受托人的关系。

三方当事人在基金的运作过程中形成三角关系：基金份额持有人委托基金管理人投资，委托基金托管人托管；基金管理人接受委托进行投资管理，监督托管人并接受托管人的监督；托管人保管基金资产，执行投资指令，同时，监督管理人并接受管理人的监督。

此外，基金的当事人还有办理注册登记机构。办理注册登记的机构负责投资者账户的管理和服务，为投资人办理开放式基金单位的认购、申购和赎回等业务，负责基金单位的注册登记以及红利发放等具体投资者服务内容。注册登记机构通常由基金管理人或其委托的商业银行或其他机构担任。

基金与其他投资工具有什么区别

索罗斯之所以成为金融界炙手可热的人物，是由于他凭借量子基金在20世纪90年代发动了几次大规模的货币阻击战。索罗斯通过找到破绽，借助量子基金雄厚的财力和凶狠的作风，对基础薄弱的货币发起攻击并屡屡得手。自90年代以来，在国际货币市场上掀起惊涛骇浪。索罗斯的量子基金投资于债券、外汇、股票和商品，主要运用金融衍生产品和杠杆融资，从事全方位的国际性金融操作。虽然量子基金只有60亿美元的资产，但是通过杠杆融资等手段取得几百亿美元甚至上千亿美元资金的投资效应，成为国际金融市场上一支举足轻重的力量。我们也知道，在投资市场上，基金、股票、债券、储蓄等投资工具的关系密切，那么基金与其他投资工具比较起来，到底有什么独特之处呢？我们将基金与股票、债券、储蓄和信托一一进行比较：

1. 与股票的区别

股票是股份有限公司在筹集资本时向出资人发行的股份凭证，股票的收益是不确定的，其收益取决于发行公司的经营效益，投资股票有较大风险。基金是一种投资受益凭证，反映的是信托关系，其募集资金主要投向有价证券。证券投资基金采取组合投资，风险小于股票，收益也较股票稳定。另外，由于股票没有到期日，股票投资者不能要求退股，投资者如果想变现的话，只能在二级市场出售，而开放式基金的投资者可以按资产净值赎回基金单位。

2. 与债券的差异

债券是政府、金融机构、工商企业等机构直接向投资者发行，并且承诺按一定利率支付利息并按约定条件偿还本金的债权债务凭证。由于它反映的是债权债务关系，即欠债还钱原理，利息一般也是确定的，所以收益稳定，风险较小。基金反映的是一种投资关系，即使投资于债券的基金产品，也不能像债券那样保证本息，与债券相比，基金的投资风险较高。

3. 与储蓄的差别

银行储蓄存款属于债权类合同或契约，银行对存款者负有完全的法定偿债责任。一般情况下，银行存款的本金都有保证，而利率是相对固定的，所以几乎没有风险。但银行吸收存款之后，并没有义务向存款人披露资金的运行情况，而是按照自身的意愿将储蓄存款的资金通过企业贷款或个人信贷投放到生产或消费领域，其间操作储户不得干涉。基金属于股权合同或契约，基金管理人只是代替投资者管理资金，将投资者的资金投资于证券市场，通过股票分红、债券利息和证券市场差价来获利。由于基金并不保证资金的收益率，所以投资人承担的收益与风险程度高于

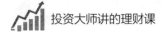

银行存款。

4. 与信托的不同

信托属于"受人之托，代客理财"的私募性质资金管理体制，其灵活程度远远高于证券投资基金。它既可以投资于实业，也可以投资于证券市场，甚至可以投资于基金，而且投资期限、投资比例也可以根据投资者自身需求而设定。但信托的设立相对复杂，也没有二级交易市场，提前兑现较难，而且门槛较高，购买一份信托的最低资金要求约为数万元。基金购买方便，兑现收益也方便，且门槛低，但投资范围仅限于证券市场和债券市场，投资比例也有严格限制。

基金到底有什么优势

　　投资是利用钱来生钱，股票、基金、储蓄等都是"钱生钱"的方式。有的人选择炒股，有的人选择储蓄，有的人选择"养基"。那么，普通投资者为什么要选择基金呢？它到底有什么优势呢？下面我们来看一看基金到底有什么吸引我们的地方。

　　1. 规模投资

　　投资基金可以将零散资金汇集起来成为具备规模优势的资金，交由专业经理人投资于各种金融工具，使投资者的少量资金也能享受组合投资所带来的利益，而自己的小资金投资难以做组合投资，无法分散风险，还缺乏研究资源，信息不对称。当然，通过规模投资还可以使投资者进入小额投资者所不能进入的投资领域，如在银行间市场买卖国债等。

　　2. 专家管理

　　基金是由具有丰富投资管理经验的专业性管理机构进行管理的。基金管理公司的研究员和基金经理经过专业的投资训练，具有丰富的金融理论知识、证券研究和大资金投资的经验，建立起了广泛的信息渠道，并对宏观经济、行业发展、公司经营情况以及市场的走势进行专门分析，能对金融市场上各种品种的价格变动趋势作出比较正确的预测，最大限度地避免投资决策的失误，从而可以提高投资成功率。

3. 分散风险

以科学的组合投资降低风险、提高收益，是基金的一大特点。即我们通常所说的"不要把所有的鸡蛋放在同一个篮子里"。投资基金有雄厚的资金，可分散投资于多种证券，即作组合投资，不至于出现因某几种证券造成损失而招致满盘皆输的局面。

4. 灵活简便

投资者可以根据个人的需要随时买卖基金受益凭证，而且手续简便。封闭型基金转让在证券市场挂牌交易，投资者可通过证券公司进行买卖，手续类似于股票交易。对于开放型基金，投资者可随时直接向基金公司或银行等中介机构认购与赎回，赎回时可按投资者个人提出的支付方式付款。

5. 门槛较低

投资于基金不需要精深的专业知识，只需了解基本的理财要领，几乎人人都可以参与，随时可以投资。基金一般只需1 000元就可以开始投资了，基金的定期定额投资起点更低，一般每月只需几百元。

如何购买基金

基金公司发行基金，投资者购买基金，这是运行系统的中间环节。购买渠道和购买方式都有哪些？如果要开立基金账户，具体又怎么操作？

1. 购买渠道

现在的基金投资者，很多都是通过银行购买基金的，一部分人是出于对银行的信任，另外一部分人也确实不知道除了银行还能去哪里买。其实，基金购买渠道有很多可供选择，不同的渠道，便利性、费用、提供的服务都有较大差别。基金的交易原则上是在哪里购买在哪里赎回，而且日后需要进行基金转换等操作也需要通过当时的交易渠道办理，如中途变更交易渠道，则需办理转托管等手续，因此，在决定购买基金时，选择一个适合自己的渠道是非常重要的。投资者可以从便利性、费用、可获得的服务三个方面来考虑。下面介绍当前主流的三种购买渠道。

（1）银行代销

银行是最传统的代销渠道，通常基金公司将该只基金的托管行作为主代销行。这种方式的优势是银行在国民心目中的极好信誉，直到现在，仍有投资者认为去银行购买基金踏实、放心。而且银行服务网点多，贴近投资者，非常方便。

这种方式的劣势是银行代销的基金种类有限，不同银行代销的基金种类也不同。投资者如果要购买多只基金，往往难以在一家银行办理妥当。而且银行通常并不代销一家基金公司旗下的所有基金，这就给以后可能需要的基金转换等业务带来麻烦。

（2）证券公司代销

证券公司也是一个传统的基金代销渠道。这种方式的优势是大型券商，比如银河证券、国泰君安等代销的基金种类非常齐，投资者可以通过券商的网上交易系统，在统一的操作界面下进行基金买卖，非常方便。对拥有股票账户的投资者来说，通过证券公司，可以在二级市场上买卖LOF基金。同时通过券商购买基金还可以获得一定的申购费率优惠。

这种方式的劣势是证券商代销网点比较少，由于办理开户手续只能在股市开盘期间，对很多上班族来说，不是很便利。而且基金对券商来说，是比较新的业务，券商普遍缺乏具有足够专业知识的服务人员，投资者可获得的咨询服务比较差。

（3）基金公司直销

基金公司直销有两种：柜台直销和网上直销。柜台直销是传统的一个销售渠道，以服务VIP客户为主，有专业的服务人员提供咨询服务，而且还可以获得费率上的折扣。缺点是网点很少，而且门槛比较高，不适合中小投资者。网上直销是新兴的一个交易渠道，大部分基金公司均已开设网上直销服务。

网上直销的优势是有费率优惠，而且只需一张银行卡即可，不受地域限制，提供24小时全天候服务，非常方便。它的劣势在于不同基金公司要求的结算卡不同，比如用广发卡可购买广发旗下的基金，但不能购买上投摩根的基金，用建行卡可购买华夏旗下的基金，却不能购买广发的基金，所以，如果购买多只基金，往往需要为该基金组合办理不同的银行卡，而且需要在每家基金公司的网站上开户、交易，购买的基金比较多且涉及多家基金公司时，相对证券公司的交易系统，操作时比较费时。还有一些基金公司尚未开通网上直销业务，而且并非所有基金公司直销都有费率优惠。

2. 购买方式

购买基金的方式有两种，即，认购和申购。投资者在开放式基金募集期间、基金尚未成立时购买基金单位的过程称为认购。投资者认购基金应在基金销售点填写认购申请书，交付认购款项。注册登记机构办理有关手续并确认认购。在开放式基金成立之后，投资者通过销售机构申请向基金管理公司购买基金单位的过程称为申购。

认购和申购的费率可能会有差别。目前，基金公司通常会设定不同档次的认购和申购费率，即根据投资者购买金额的多少适用不同水平的费率。在同一购买金额下，认购费率和申购费率也可能有所不同，具体情况需查询各基金费率情况说明。通常来说，认购费率为1%，申购费率为1.5%。计算公式如下：

（1）认购计算公式

认购费用=认购金额×认购费率

净认购金额=认购金额–认购费用+利息

认购份额=净认购金额／基金面值

（2）基金申购计算公式

申购费用=申购金额×申购费率

净申购金额=申购金额–申购费用

申购份额＝净申购金额／申请日基金单位净值

每份基金的净值，认购期统一为1元，申购期为当日的净值。打个比方，认购就是在基金发行的时候购买，和买股票原始股有点相似，申购就是基金出了封闭期之后再购买，和在二级市场上买股票一样。

3. 如何开户

银行是基金的代销机构，在银行买卖基金需要开立的账户有银行侧和公司侧两个方面。银行侧的账户就叫基金账户，是银行为你设立的证券账户，和你的银行活期资金账户对应并绑定，用于支付购买基金的费用和接收赎回基金或红利的款项。

公司侧的账户叫做基金TA账户，是基金公司为你设立的证券账户，用于记录你的基金份额余额和交易明细。所以，银行侧的基金账户只有一个，而公司侧的基金TA账户可以有多个，一个基金公司对应一个。同一公司的多个基金共用一个基金TA账户。譬如建设银行的开户需要了解以下程序：

（1）交易时间

周一至周五，9：30～15：00持自己的建行龙卡和身份证到柜台申请一张证券卡，证券卡不收年费，开卡费十元，最好用工资卡办，这样两张卡都免小额账户管理费。

（2）开立基金账户

要买几家基金公司的基金，就得相应开立几个基金账户，一个基金公司一个。一个身份证号在一家基金公司只能开立一个基金账户。如果从未买过该基金公司的基金，叫申请开立基金账户，如果已在其他银行买过该公司的基金，叫基金账户登记。

（3）填写业务单

首次认购／申购的最低限额一般为1 000～5 000元，各公司规定不同，银行可以查询。以后再申购一般为1 000元以上即可。定期定额业务即是约定每月固定日期从龙卡账户中自动划转到证券卡上一定金额，每月约定扣款额可低至300~500元，各公司规定不同，但都比单次购买的限额要低许多。

（4）交易确认

2～3个工作日后可以在建行网银或电话银行或柜台查询。因为银行只是代销基金，代理你向基金公司提交委托，是否成交由基金公司确认，不出意外的话（电脑故障、非交易日、操作错误）都可成交。

如何赎回基金

基金的赎回是运行系统的重要环节。基金的赎回是申购的反过程，即卖出基金单位收回资金的行为。与申购过程类似，投资人可以通过直销和代销机构向基金公司发出赎回指令，进行赎回。虽然各基金管理公司的业务细则会有所差异，但大体分为以下几个步骤：

1. 发出赎回指令

客户可以通过传真、电话、互联网等方式，或者亲自到基金公司直销中心或代销机构网点下达基金赎回指令。

2. 赎回价格基准

基金的赎回价格是赎回当日的基金净值，减计赎回费。基金赎回计算公式：

赎回费＝赎回份额×赎回当日基金单位净值×赎回费率

赎回金额＝赎回份额×赎回当日基金单位净值–赎回费

假定某投资者赎回某基金1万份基金单位，其对应的赎回费率为0.5%，如果当日基金单位资产净值为1.019 8元，则其实际可得到的赎回金额为：

赎回费用：$1.019\ 8 \times 10\ 000 \times 0.5\%$

赎回金额：$1.019\ 8 \times 10\ 000 - 50.99$

也就是说，投资者赎回某基金1万份基金单位，若该基金当日单位资产净值为1.019 8元，则其可得到的赎回金额为10 147.01元。

3. 领取赎回款

投资人赎回基金时，无法在交易当天拿到款项，该款项一般会在交易日后的三至五天，最迟不超过七天后划出。投资人可以要求基金公司将赎回款项直接汇入其在银行的户头，或是以支票的形式寄给投资人。

此外，开放式基金的赎回还有巨额赎回的限制。根据《试点办法》的规定，开放式基金单个开放日中，基金净赎回申请超过基金总份额的10%时，将被视为巨额赎回。巨额赎回申请发生时，基金管理人在当日接受赎回比例不低于基金总份额的10%的前提下，可以对其余赎回申请延期办理，被拒绝赎回的部分可延迟至下一个开放日办理，并以该开放日当日的基金资产净值为依据计算赎回金额。也就是说，当遇到巨额赎回时，你有可能当日得到全部赎回，或者当日得到部分赎回，也有可能被延期支付。

08　索罗斯基金价值评估课

增值是唯一目的

完成一笔交易，最基本的一条就是计算好自己的成本，到底我付出了多少？这样，我们才能衡量自己的收益与付出的比例，到底划算吗？我达到预期目的了吗？索罗斯本人总是很清楚自己的投入，从而根据自己独特的哲学思维在投资领域大放异彩。索罗斯的宝贵品质之一在于，在金融市场上他不感情用事。在这种意义上，他是个禁欲主义者。其他人在市场上作出理智的决定时，往往会带入一些自我因素。而索罗斯懂得：一个明智的投资家必须是冷静的，保本才是投资者的第一需要。所以计算好你的投资成本吧，不要凭着感觉就贸然去买某个基金公司的基金。

如何判断基金的赚钱能力

对于很多刚搞清楚"基金"和"鸡精"区别的新基民来说，要在众多的基金产品中选择一款适合自己的，其难度不言而喻。我们告诉投资者买基金不怕贵的只挑对的，那怎样才能判断一只基金赚钱能力强呢？一般来说，主要有三大要点：

1. 业绩表现上是否有很好的持续性

相对于基金而言，它不是一种短期的投资，而可以说是一种长期的投资。而在基金中有刚成立的新基金，也有成立时间长一些的老基金。那该选新基金还是老基金呢？对于投资者，一般来说，则是选择老基金更容易选择到适合自己的赚钱基金，因为，老基金往往都会有过往的增长业绩，如果在较长的时间里，比如说，1年、2年、3年，甚至5年中，它都能保持稳定的良好的增长趋势，这就说明，这只老基金，长期盈利的能力是相对较强的，假如投资者选择购买这样的老基金，肯定相对来说获利赚钱的能力也是比较强的。

2. 风险和收益的配比是否比较合理

对于基金是一种风险性投资。就投资者所看到的基金净值的增长率，那只是表明一只基金的增长情况，如果想要全面地评价一只基金是否值得投资，投资者也要考虑到如果自己投资这只基金，需要承担多大的风险。那如何去判断一只基金的投资风险是大还是小呢，它会有不少的指标，如换手率、上下波动幅度等。对于这些而言，可能不是专业的人士，一般都不能很好地搞懂。那如果是这样，是不是投资者想要搞懂某只基金的风险投资大小会比较困难，其实，对于这点，投资者不要太担心，也会有最简单的办法，那就是看基金评级机构定时公布的业绩排行榜，比如晨星公司每周提供的基金业绩排行榜，这家公司会对国内各家基金公司管理的产品进行逐一的业绩计算和风险评估。投资者通过这些基金评级机构公布的数据，就可以看到哪一些基金风险会更小一些，回报率又是怎样。如此一来，通过比较，投资者如果再去选择适合自己的赚钱基金，是不是就比较容易多了。

3. 选基金也要看公司其他基金业绩

有的基金公司的基金在业绩的表现上是"全面开花"，而有的基金公司的基金在业绩的表现上是"一枝独秀"，对于这两种基金公司的基金，投资者在选择上往往会很纠结，是在"全面开花"中选一枝，还是就选"一枝独秀"的"独"。其实，只要投资者进行合理的分析再加上能具体了解基金公司投资团队的相关情况，就不难选了。选"全面开花"基金公司中的一枝，往往会优于"一枝独秀"基金公司的"独"，为什么会有这样的定论，对于"全面开花"的基金公司，他们投资实力一般都会强于"一枝独秀"的基金公司，而更是"全面开花"的基金公司，也会说明公司的整体投资团队成员相互之间配合是比较默契与和谐的，并且同时他们更懂得好业绩的复制。如果选择了这样基金公司的基金，是不是投资者作为长期投资会更显优势，当然就是在基金赚钱上也会更有信心。

计算好你的投资成本

买基金，买的是服务，委托别人为你理财的服务；买基金，买的是机会，让别人帮你赚钱的机会。通俗地讲，买基金就是让投资专家帮你赚钱，那么势必就会有相关费用。投资费用一般可分为两大类：一为基金净值外的显现费用，如认购费、申购费、赎回费、基金转换费等，即投资者交易时自行额外负担的成本；一为隐含的费用，即基金净值内费，如管理费、托管费、基金运作费等，这些费用往往在基金公司公布基金净值时已被扣除。

对于我国投资者而言，目前同类基金的隐含费用都是接近且固定的，在实际操作中，一般是按天提取，按月结算，从当日的净值中扣除，投资人虽然不需要额外拿钱出来，但是，在持有基金期间，实际上已支付了这笔费用。在基金的运作过程中，有一些必要的开支需基金承担，其中基金管理费和基金托管费是基金支付的主要费用。

1. 基金认购/申购费

投资者买基金首先要支付"销售手续费"。在基金发行期间购买交纳的费用叫做认购费，在基金成立之后再购买的手续费为申购费。根据相关法规规定，认/申购费率不得超过认/申购金额的5%，目前我国的基金认购费率为1.2%，申购费率为1.5%左右。那么如何计算认/申购费用呢？开放式基金，申购价格是以单位基金资产净值为基础单位计算出来的。计算公式是：

认购费用＝认购金额×认购费率

净认购金额＝认购金额–认购费用

例如，一位投资人有100万元用来认购开放式基金，假如认购费率为1%，基金单位面值为1元，那么：

认购费用＝100万元×1%＝1万元

净认购金额＝100万元–1万元＝99万元

认购份额＝99万元÷1.00元＝99万份

基金申购计算公式为：

申购费用＝申购金额×申购费率

申购份额＝（申购金额–申购费用）÷申请日基金单位净值

例如，一位投资人有100万元，用来申购开放式基金，假如申购费率是2%，单位基金净值是1.5元，那么：

申购费用＝100万元×2%＝2万元

净申购费用＝100万元–2万元＝98万元

申购份额＝98万元÷1.50元＝653 333.33份

一般来讲，基金公司为了吸引投资者在基金发行时买基金，认购费率比申购费率要便宜一些。为了使投资者长期持有基金，有些基金公司还推出了后端收费模式，即在投资者买基金的时候不收手续费，而将此项费用延迟到投资者赎回的时候再收取。如果投资者持有基金的时间超过一定期限，赎回的时候便不用付费了。

2. 基金赎回费

如果投资者想把手中持有的基金份额卖掉，也需要支付手续费，这个手续费叫"赎回费"。目前国内基金在赎回的时候，投资者要支付的赎回费，一般为赎回金额的0.5%左右。基金赎回计算公式为：

赎回费＝赎回份额×赎回当日基金单位净值×赎回费率

例如，有位投资人要赎回10万份基金，赎回的费率为0.5%，单位基金净值为1.5元，那么：

赎回价格＝1.5×（1-0.5%）＝1.492 5元/份

赎回金额＝10万份×1.492 5元/份＝14.925万元

为了鼓励投资者长期持有基金，一些基金公司推出了赎回费随持有时间增加而递减的收费方式，即持有基金的时间越长，赎回时付的赎回费越少，持有时间长到一定程度，赎回时就可不收赎回费。

3. 基金管理费

基金是委托专家理财，除了买入、卖出环节上要支付手续费以外，还要给为你理财的专家，也就是基金公司支付一定的管理费。目前国内基金的年管理费率一般在0.3%~1.5%之间，视投资目标和管理的难易程度不同而有所区别。一般而言，收益和风险较高的品种，管理难度也较大，如股票型基金，管理费较高；而收益和风险较低的品种，如货币市场基金，管理费较低。管理费的支付方式和销售费、赎回费不同。后两种费用是在买卖基金的时候支付或从赎回款中扣除，而管理费则是从基金资产中扣除，在实践中，一般是每天计算，从当日的净值中扣除，投资人不需要额外拿钱出来。基金管理人是基金资产的管理者和运用者，对基金资产的保值和增值起着决定性的作用，因此，基金管理费收取的比例比其他费用要高。基金管理费是基金管理人的主要收入来源，基金管理人的各项开支不能另外向基金或基金公司摊销，更不能另外向投资者收取。

管理费费率的高低与基金规模有关。一般而言，基金规模越大，基金管理费费率越低。但同时，基金管理费费率与基金类别以及不同国家或地区也有关系。一般而言，基金风险程度越高，其基金管理费费率越高，其中费率最高的基金为证券衍生工具基金，如认股权证基金的年费率为1.5%～2.5%。最低的要算货币市场基金，其年费率仅为0.5%～1%。

4. 基金托管费

指基金托管人为基金提供托管服务而向基金或基金公司收取的费用。托管费通常按照基金资产净值的一定比例提取，逐日计算累积，定期支付给托管人。托管费的计算公式是：每日计提的托管费＝计算日基金资产净值×托管费率÷当年天数。我国目前基金托管费年费率为0.25%。

降低买卖基金成本的方法

投资者在买卖基金时要承担申购、赎回等手续费，因此频繁地买卖，必然使收益"缩水"，甚至会亏本。选定基金后，如何在买卖中节省费用，将直接影响投资收益。这里有几种投资方法可以作为参考：

1. 网上交易快捷划算

目前，基金的申购费率一般为1.5%左右，证监会规定网上申购费率为0.6%。现在不少基金公司为争夺客户资源还推出了更大的优惠，大有将优惠进行到底之势。所以选择网上申购，不仅更加方便快捷，而且可以大大节省交易成本。

2. 利用后端收费模式

后端收费模式是指在购买基金份额时不收手续费，在赎回基金时才支付认（申）购费用的收费模式。采用后端收费模式一方面可增加认／申购的份额，另一方面随着持有基金年限的增长而逐年递减，直至免收。后端收费模式适合于将基金作为两三年甚至更长期限投资工具的投资者。但是，目前市场上只有少部分基金产品提供后端收费模式供投资者选择。

3. 长期持有，稳定投资

大部分基金产品的赎回费率随时间增加而递减，即持有基金时间越长，赎回时需付的赎回费就越低。我国基金发展的历史证明了基金是长期理财的有效工具，而不是短期投机炒作的发财工具。1998年我国成立第一批5只封闭式基金：开元、金泰、兴盛、安信和裕阳，从那时起到2007年1月，这些基金的净值平均累计增长366.5%。据南方基金管理公司的统计显示，真正做到全面收获了2006年以来中国股票市场和基金投资繁荣与收益的投资者，是持有基金产品达到两三年甚至更长期限的投资者。

如果买卖时间间隔太短，基金的收益就不明显，而且还得给基金公司交纳很多手续费。例如，老李在一个月内频繁地认购和赎回基金，结果投资了6万多元，除去各种费用之后，净收益只有100多元，实在很不划算。短期持有基金不但会增加手续费的成本，也会承担更多收益风险。如果长期持有，就可以尽量减少损失。

4. 灵活运用基金转换

基金转换业务是指投资者将所持有的全部或部分基金份额转换为同一家公司旗下的其他开放式基金份额，并同时按照公司规定缴纳一定的转换费用。

基金转换业务是基金投资中的一个节省申购费用的技巧，因为同一家基金公司旗下的基金，在进行转换时，都会给投资者一定的费率优惠，甚至免收。比起正常情况下将持有的基金赎回后再申购同一公司下的另一只基金产品可以节省不少费用。例如将甲公司某股票型基金转换到甲公司另一只股票型基金，转换费率为0.5%，远低于股票型基金1.5%的申购费率，一下子就省下了1%的费用。

不过，需要投资者注意的是：不同基金公司基金转换的规定也不相同，要咨询清楚后再具体操作。而且，确定投资某只基金后最好不要频繁地转来转去，否则不但手续费交得更多，还可能错过一些机会。

5.选择红利再投资

红利再投资就是将所获红利转换为该基金份额，一般免收再投资的费用，为投资者提供了一种更为经济的投资方式，如果投资者近期不急于用钱，并且看好后市表现，完全可以选择此方式，节省二次投资成本。

投资收益的计算和分配方式

投资的目的都是为了获取一定的收益。要投资基金，首先要学会基金投资收益的计算方法。计算基金的投资收益需要计算基金投资的投入和产出，投资收益等于卖出基金后的收入减去当初的投资金额。

例如，某投资者在开放式基金甲基金发行期购买甲基金2万元，每份基金面值为1元，如果按规定需交纳认购费用1%，一般开放式基金在发行期认购费用较低，其后申购费用则会有所提高，申购费率一般在1%~1.5%间不等。因此，该投资者购买的基金份额实际为19 800份。计算如下：

①认购费用：20 000元×1%=200元；

②净认购金额：20 000元–200元=19 800元；

③认购份数：19 800元÷1.00元/份=19 800份。

需要注意的是，开放式基金也有一个封闭期。每种开放式基金的封闭期长短不一，但最长不超过3个月，即90天。封闭期内，投资者不能进行基金赎回。

如果该投资者在持有甲基金一段时间后，希望将甲基金赎回，赎回时每份基金净值为1.12元，同时需要按赎回价交纳0.5%的费用，计算如下：

①赎回总额：19 800份 × 1.12元/份＝22 176元；

②赎回费用：22 176元 × 0.5%=110.88元；

③赎回净额：22 176元–110.88元=22 065.12元；

投资收益：22 065.12元–20 000元=2 065.12元；

投资收益率为：（2 065.12元 ÷ 20 000元）× 100%=10.33%。

随着基金收益的增长，基金的单位资产净值会上升，基金会对其投资人进行收益分配。封闭式基金投资者只能选择现金红利方式分红，因为封闭式基金的规模是固定的，不可以增加或减少；开放式基金投资者则可根据自己的意愿选择现金分红或者红利再投资方式。具体确定收益分配如下：

1. 比例

一般而言，每个基金收益的分配比例和时间都各不相同，通常是在不违反国家有关法律、法规的前提下，在基金契约或基金公司章程中事先载明。在分配比例上，美国有关法律规定基金必须将净收益的95%分配给投资者。

2. 时间

我国的《证券投资基金管理暂行办法》规定，在分配时间上，基金每年应至少进行一次分配收益。

3. 内容

确切地说，基金分配的客体是净收益，即基金收益扣除按照有关规定应扣除的费用后的余额。这里所说的费用一般包括：支付给基金管理公司的管理费、支付给托管人的托管费、支付给注册会计师和律师的费用、基金设立时发生的开办费及其他费用等。一般而言，基金当年净收益应先弥补上一年亏损后，才可以进行当年收益分配，基金投资当年净亏损，则不应进行收益分配。

4. 方式

分配现金，这是基金收益分配的最普遍的形式。分配基金单位，即将应分配的净收益折为等额的新的基金单位送给投资者，这种分配形式类似于股市中的"送股"，实际上是增加了基金的资本总额和规模。不分配，即既不送基金单位，也不分配现金，而是将净收益列入本金进行再投资，体现为基金单位净资产值的增加。

怎么样评估基金收益

我们怎么样才能评估自己所持有基金的收益呢？衡量基金价值最重要的指标之一就是基金的收益。在评价基金表现的诸多因素中，基金的收益，即投资回报率是最简单、易为人们接受的指标。投资回报率可以用下面的公式进行计算：

投资回报率＝（期末价格－期初价格＋现金分红）÷期初价格×100%

通过这个公式计算出投资回报率后，投资者可以和同期的银行存款利率、股价指数变动等指标进行比较，以衡量基金表现好坏和是否具备投资价值。

但基金之间的收益比较一般不能笼统地用投资收益进行，这是由于基金的种类不同，不能简单地将股票基金的收益与债券基金的收益进行简单比较。所以，投资者首先应该根据基金的投资标的、运作风格等，将基金收益和一个既定的指标相联系，以此来对基金业绩进行比较。比如高科技基金对应的是高科技指数，小规模基金对应的是小规模基金指数。如果基金的收益好于该指标的涨幅，该基金的绩效表现就是值得肯定的。

我们也可以运用同类基金间的横向比较，比如债券基金和债券基金之间进行比较，大盘基金和大盘基金之间进行比较，小盘基金和小盘基金之间进行比较，投资标的相同的基金之间才具有收益的可比性。如果将一些投资标的、运作风格、规模大小都不相同的基金进行比较，则是不科学的。

对于基金而言，短期业绩非常具有偶然性，而中长期的绩效表现才能体现出一只基金绩效表现的全貌。这是因为市场是变化的，在变化之中往往存在着一些偶然的因素，比如有些基金的运气较好，短期收益会远远领先于同类基金。而从长期，一年或一年以上看，运气这一因素不影响单个基金乃至基金业的整体收益水平，所以正确地考察基金投资回报率的方法一般是比较基金在一年乃至更长时间段内的平均回报。所以，尽管某只基金可能在短期内净值表现不佳，但从长期历史的绩效表现来看，如果累计收益较高，还是有较高投资价值的。

09　家庭理财技巧课
除了投资，还要做好规划

　　投资是理财最重要的内容，会投资的人多半都是理财高手，然而投资并不是理财的全部，除了投资外，理财的内容还有很多，比如如何规划下一代的教育，如何面对税收，如何购买花样繁多的保险等，对于这些烦琐的家事，你做好准备了吗？

养大一个孩子，多少钱才算够

如果只是仅仅养大一个孩子，对于城市里的知识型母亲们来说，是不能接受的结果。对孩子，一定要悉心培养，从孩子来到人间开始，就要他跑在前列。这些用来栽培的后续花费，根本就是无底洞。从孩子牙牙学语开始，头疼的事情一件接一件地涌来：请什么样的保姆？是否需要上双语幼儿园？全托还是日托？几岁开始进行智力开发、兴趣培养？学钢琴还是练书法、上什么样的小学、报什么样的补习班——除此之外，还要操心孩子的安全问题、健康问题、饮食问题、成长问题——而每一个问题都需要用钱来解决。

养育和教育一个孩子要花多少钱？尽管随着父母对孩子的期望而不同，如果你希望栽培孩子读完大学，根据统计，至少要花费几十万元，多则上百万。

孩子出生第一年，光是奶粉、衣物、尿不湿等花费，每个月至少得花上1 500元。如果不喝奶粉，那么每个月约900元。周岁内最少要花10 800元。

周岁到上幼儿园之前，日常吃、喝、穿、玩具等开销，每个月约1 000元；各种早教，平均每月200元，约4 800元。那么加起来，29 000元左右。

另外，如果妈妈是上班族，需要请保姆帮忙照顾孩子的话，还要额外准备一笔支付给保姆的费用，每月也在3 000元到6 000元不等，2~3年下来，至少得准备7万~8万元。

孩子上幼儿园了，普通幼儿园每月托管费最少1 000元，饭费200元左右，其它杂费100元左右。这样算起来，每个月至少1 300元左右，三年36个月，总共46 800元。这是普通的公立幼儿园，如果上的是私立幼儿园，费用就要翻倍计算了。

除了养育，孩子更需要教育。虽说现在小学是义务教育不用花钱，但书本费、早餐、校车、托管等，一个月500元，一年就是6 000元左右，六年就是36 000元。衣物和生活费，平均一个月最少600元，六年下来，共43 200元。另外，如果择校费和培训费收起来是没谱的。一般的，最少也要花2万吧。加在一起就是10万左右。

和小学一样，初中也属于义务教育阶段，因此免学费，固定收取的杂费也不高。如果是公办的，一学期杂费500元左右，三年3 000元。学校内的补课费、兴趣班费、伙食费也不高，一学期也就1 000元左右，三年6 000元左右。不过，孩子在初中阶段置办学习用品的花费要高起来，电子词典、手机、电脑等，这三年内要花费数千元。这样算下来，孩子在初中阶段学习上花费要1.5万元左右。

在家里，主要是饮食、服装和出门游玩的费用，三年的生活费约2万~3万元。

同样不可忽略的一点是，上初中很多人会选择"择校"，这样就会产生一笔赞助费。2万~5万元不等。总的算下来，孩子初中三年，如果不择校，总花费4万元左右；如果择校，则至少需要6万~9万元左右。

如果孩子中考顺利，考上了公办重点高中，那么一般每学期学费只要1 200~1 500元，如果选择寄宿，2 000元一学期。三年学杂费五六千元。

如果考得一般，选择公办一般高中学习，学费是900元/学期。但如果此时选择公立转制高中学习，每学期学费大约2 000~3 500元左右，同时要交一笔5 000~10 000元的择校费。三年学杂费1.5万元左右。

如果上民办高中，三年学杂费花个五六万也是正常的。同时，高中的学习竞争更为激烈，因此学生都要参加各类校内校外的补课，三年也要好几千元，甚至上万元。

高中学生对电脑等电子产品的兴趣和需求，也比初中孩子要高，为此即便是条件一般的家庭，也要花掉五六千元给孩子买电脑等物品，有些家庭更是不吝支出，完全满足孩子的要求。总的计算下来，高中三年孩子身上的总花费大约5万~10万元。

高中毕业以后，大部分孩子都上了大学。普通大学的四年学费在2万元左右；杂费、生活费至少一个月1 000元，加上来回家和旅游的费用，四年5万元左右。总计七万元左右。私立大学则有可能更多。如果是有中外合作项目的专业，由于有一年在国外合作大学学习，则费用还要另外多20万元左右。

大学花费俭还是丰，大多数人还是看家庭情况决定。至于考研或留学，更是看个人情况而定。如果本科之后要继续深造，那么也还得准备10万~80万元，以供孩子在国内读研究生或留学。

如此算下来，按照最低标准，从孩子出生到大学毕业，一个家庭在经济上至少要支出40万元，当然这还是在物价不涨得离谱，不通货膨胀的前提下。调查数据显示，在北上广等一线城市，养大一个孩子花费七八十万元只能算是普通支出，中产家庭平均则要花费百万以上。

子女教育经费越早储备越好

黄先生夫妇都是公务员，儿子虽然刚满两岁，他们夫妇就已经开始操心孩子未来的教育计划了。

他们发现，孩子的教育开支是在十多年后的大学阶段才进入高峰期，以他们现在的收入来看，很难负担得起儿子将来到海外读大学的费用。因此，他们正考虑如何为子女储备足够的教育经费。

在中国，子女教育经费计划是整个家庭财务计划中的重要一环。为了确保子女得到最好的教育，像黄先生夫妇那样，提早做好安排无疑是比较明智的选择。这样不但能减轻将来负担，确保子女到时候专心学业，父母的其他个人计划也不会因为要应付教育费用而受影响。

理财专家指出，为子女安排教育经费计划应越早越好，而储蓄教育经费的关键在长线定时投资，它可以带来以下好处：

1. 有足够时间让投资增长。

2. 增长随时间复式膨胀。

3. 计划所需金额只占家庭收入的小部分，易于应付。

4. 子女教育计划妥善安排好，部署其他计划所需资金可更准确、周详。

5. 子女能在没有欠债的情况下完成学业。

6. 教育经费充足，子女可选择的余地更大。

开始订立子女教育基金只是第一步，为使基金组合得到更好和更安全的回报，您首先要清楚了解和决定子女教育的目标和需要。一般的法则是，储蓄的时间越长，所能承受风险的程度就越高。

在还没生小孩之前，夫妻两人就要把握各种教育训练和考证照的机会，以争取升迁、换工作、兼差等增加收入的可能。利用定期存款赚利息的方法最稳妥、简单，但是必须考虑在利率低的时候，扣掉通货膨胀，存款实际增加的比例并不多。在存钱速度缓慢的情形下，一定要趁早规划和执行才行。

大多数的教育经费计划皆采用定时定额的方式来投资，主要目的是使回报优于通胀，利用分散投资减低及风险，并且要根据每阶段的需要调整组合的投资风险。

孩子出生前至12岁：可投资于增长型的股票及基金，并随着收入增加而调整投资金额。长远而言，股票可提供较高回报，但应有心理准备面对较高的波幅，如股价下挫，组合亦有足够时间等股价重新上涨。

孩子12岁至16岁：组合仍以增长为目标，但应加入债券来平衡整体投资风险。

孩子16岁至18岁：组合转至低风险，可供选择的工具包括短期政府债券、货币基金等，父母在这阶段应能准确计算每年可以动用的教育费用。

领悟了根据不同阶段调整组合的投资理念之后，采取何种方法进行投资就成了家长必须考虑的问题。实践证明，采用"成本平均法"分阶段投资不失为一个好的办法。

一般而言，投资可分为两类，一种是一次性形式投资，投资者需要准确地掌握市场走势，判断最佳的"入市"时机；另一种是以"定期供款"形式投资，这种方法依赖既定的投资策略及机制，适合一般投资者做教育基金和退休计划之用。

因为现今社会瞬息万变，要准确分析市场情况并且作出正确的投资决定很不容易。若决定错误，更可能损失不小。因此，如果投资者对市场走势没有一个比较肯定的预测，分段入市、减低风险不失为一个好办法。

而就"定期供款"式的投资而言，投资者可以通过定期、定额及持续的投资，达到储蓄或其他理财目标。这种方法的好处是，投资者可以用"成本平均法"来减低投资的风险、成本，而且无须为寻找最佳"入市"时机而伤脑筋。

毕竟，经济循环有规律，若投资有道，能配合经济起跌，投资的风险是可以降低的。

"成本平均法"便是运用有效的机制，它可以自动为投资者在"低价"时购入较多的投资单位，而在"高价"时购入较小的投资单位。若持之以恒，投资者的平均成本将会较低。

当然，市场上的储蓄或投资产品多不胜数，其潜在风险及特点迥异。"成本平均法"只是一种长线而风险较低的投资方法，并不能保证"必胜"。

归根到底，投资者应该请教专业财务策划师，结合自己的经济情况和偏好制订一个妥善的理财计划，以确保风险程度、投资年期及投资策略均贴合自己的需要。

做好税务筹划，保护收益

税务筹划是指在尊重税法、依法纳税的前提下，纳税人采取适当的手段对纳税义务进行筹划，减少税务上的支出。税务筹划并不是逃税，它是一种正常合法的活动；税务筹划以对法律和税收的详尽研究为基础，对现有税法规定的不同税率、不同纳税方式的灵活利用，使自己创造的利润中有更多的部分合法留归自己。

愚昧者偷税，糊涂者漏税，野蛮者抗税，精明者筹划。税务筹划如同法庭上的辩护律师，在法律规定范围内，最大限度地保护当事人的合法权益。税务筹划与偷税、漏税以及弄虚作假钻税法空子有本质的区别，它是合法的。

以下几点可作为税务筹划的考虑。

（1）投资国债免征个税。根据规定，个人投资国债和特种金融债所得利息免征个人所得税。国债素有"金边债券"之称，是各种理财渠道中最安全、稳妥的投资种类，可以将定期银行存款转换为国债或银行理财产品来免税以增加投资收益。

（2）利用公积金。根据所得税有关规定，每月所缴纳的住房公积金是从税前扣除的，财政部、国家税务总局将单位和个人住房公积金免税比例确定为12%，即职工每月实际缴存的住房公积金，只要在其上一年度月平均工资12%的幅度内，就可以在个人应纳税所得额中扣除。因此可以充分利用公积金、补充公积金来免税。

（3）均衡地取得工资薪金所得。收入和奖金，分次领取可以减少税负。目前一般工资、薪金所得按月计征应纳税款，税率为5%~45%。其中，工资收入越高，相应纳税就越多。随着工资薪金的提高，如何合理节税的重要性便越高。

专家建议，由于个人的工资、薪金所得采用超额累进税率征税，工资收入越高，适用的税率也越高，相应纳税就越多。因此年终奖等收入采取"分批领取"的方法，可适当减少缴税额度；而兼职的收入，采取"分次申报"也可适当减税。在纳税人一定时期内收入总额既定的情况下，其分摊到各个纳税期内的收入应尽量均衡，最好不要大起大落，如实施季度奖、半年奖、过节费等薪金，会增加纳税人的纳税负担。

（4）充分利用税法中费用扣除的规定，减少应纳税所得额，减少纳税。例如，该居民个人出租住房的房屋修缮费可以作为房租收入的扣除项目，每月以每次800元为限扣除，一次扣除不完的，准予在下一次继续扣除，直到扣完为止。

（5）受近年来政府调控房地产的影响，个人住房转让纳税不可避免，因此尽量不要让这房产的增值部分变现，如果需要资金，可以考虑选择用财产作抵押进行信贷融资。

（6）投资基金筹划税务。投资开放式基金可能会给自己带来较高收益，还能达到筹划税务的效果。由于基金获得的股息、红利及企业债的利息收入，由上市公司向基金派发时代扣代缴20%的个人所得税，因此，基金向个人投资者分配时不再代扣代缴个人所得税。

投资者可以投资的开放式基金主要有股票型基金、债券型基金和货币型基金。以货币型基金为例，目前货币型基金的年收益降到了2%以下，但考虑不纳税因素，仍然比一年期的税后储蓄收益要高一点。

（7）教育储蓄。因为教育储蓄是国家为鼓励城乡居民积累教育资金而设立的，其最大特点就是免征利息税，因此教育储蓄的实得收益比其他同档次储蓄高5%。

一般而言，教育储蓄在各大银行的开户对象为在校四年级以上（含四年级）学生，50元起存，本金合计最高限额为2万元。开户时，储户与金融机构约定每月固定存入金额，分月存入，存期分为1年、3年、6年。到期支取时，需凭存折和非义务教育的录取通知书原件或学校开具的证明原件才能免税。如果提前支取，存够1年且提供有效证明的，可按1年定期储蓄利率办理，不收利息税。如存满两年，按两年定期计息。

为了获得国家免税优惠效益的最大化，建议首先应尽量用足2万限额。其次，每次约定存款金额要尽量高些，这样得到的利息和免税额的实惠也就多些，因为在同一存期内，每月约定存款数额越小，续存次数就越多，计息的本金就越小，计息的天数也越少，所得利息与免税优惠就越少。最后，应尽量选择存期较长的教育储蓄。因为，学生从接受义务教育到非义务教育需要一定的时间，故应选择3年期、6年期的教育储蓄，可以从容地利用好各种优惠政策。

（8）保险赔付及三险可享受免税政策：一是医疗保险金，不计个人当期的工资、薪金收入，免征个人所得税。二是保险赔款免个人所得税。三是缴付的医疗保险金、基本养老保险金和失业保险基金存入银行个人账户所取得的利息收入，也免征个人所得税。

（9）费用转移。一般的做法就是和单位商量，让其提供尽可能多的设备或服务而相应降低薪酬。这样就将费用转移给予单位，自己基本上不负担费用，使自己的名义薪酬所得降低，从而降低税负。可以考虑由单位负担的费用和服务有：交通费、住宿费、用餐费、医疗福利、其他一些特殊工种专用的办公设备等。由此企业的实际支出没有变多，甚至还可能有所减少。

例如某理财师曾举过这样一个例子：某教授与出版社达成协议，创作一本书籍，全部稿酬为20万元。该教授到上海、广东、浙江等地进行实地考察研究发生费用为：交通费1.2万元、住宿费1.5万元、伙食费8 000元，其他费用1.5万元。

如果该教授自己负担费用，则：

应纳税额=200 000×（1−20%）×20%×（1−30%）=22 400（元）

实际收入=200 000-50 000-22 400=127 600（元）

如果考察费用改由出版社支出，限额为5万元，该教授实际收到的稿酬为15万元。则：

应纳税额=150 000×（1-20%）×20%×（1-30%）=16 800（元）

实际收入=150 000-16 800=133 200（元）

因此由出版社负担费用该教授可以节税5 600元（133 200-127 600）。

对于目前社会的高收入人群来说，税务筹划已经成为他们积累财富的一个重要手段。有位精英人士透露，其实对于大额收入来说，稍微进行一些处理，就可能节约相当大的税款，这是一种最基本的节税观念。

观念最重要。税务筹划不是富人们的专利，其实在百姓日常的理财活动中普遍存在。不管你是高收入人士还是普通百姓，你都应该具备节税观念，合理合法地筹划税务。

及早构筑家庭风险防御坚固工事

"屋漏偏逢连夜雨"，这句话最好地描述了家庭风险的锁链关联。其实"倒霉事件"并非一时偶然突发，这种"接连的不幸"之间存在着必然的联系。为了保证家庭理财规划目标的实现，就必须采取釜底抽薪之计。

1. 基本风险防御工事

开拓收入渠道。比如你可以参股某家公司，每年就能拿到分红；还可以把空置的房子出租，每个月就可以有稳定的租金；也可以搞些感兴趣的积极投资，例如集邮、收藏等。即使某个来源出现问题，损失都可以相互抵补。

通过购买保险，将风险降到最低的程度。投保时要掌握好"保险投资两分离"的原则，使保险充分发挥其保障性功能。

保留适当的应急金。家中一定要存留一笔相当于3~6个月家庭收入的"紧急资金"。这笔资金必须是现金(活期存款)，或者是货币市场基金。

家中的管理财务者，应定期将家中财务资料整理好，置于安全处，一旦发生问题，好使全家人清楚了解财务状况。

2. 投资风险的防御工事

用好投资组合。投资组合既可以分散风险，不使"鸡蛋放在同一个篮子里"，还可以使投资更加灵活，是工薪阶层进行金融投资的首选方式。家庭金融组合投资可以将35%左右用于储蓄，25%左右用于购买债券，25%左右用于购买股票和基金，15%左右用于购买保险。

做好资金调剂。根据市场变化及时做好储蓄、股市、汇市、基金等资金的调剂、转换工作，捕捉投资机会。要特别关注新股和基金的上市及国债的发行，因为这些都是投资的好机遇。

循序渐进、先易后难投资原则。投资之前应从投资方式、技术要求、风险大小、操作的难易程度、风险种类等方面对各种投资品种有一个全面的了解。选择自己了解的、最适合自己的投资品种。

适宜的管理难度。某些投资工具报酬看似很高，但对投资人的专业知识和时间要求也较高，投资人可能为此而搞得分身乏术，而在别的方面造成损失，这种不易管理的投资要三思而后行。

三十多岁，再不准备养老就迟了

人们往往一生茫然行事，永远在为实现下一项财务目标苦苦挣扎。步入工作岗位后，他们先要买车买房，之后将注意力转向孩子的抚养和直到大学的教育费用。最后，到了四五十岁，他们将关注的焦点放在退休金上，在此后的15~20年工作时间里忙着为自己积攒出足够的养老金。

如果你还没有开始为退休而储蓄，现在是时候了。当你越早开始储蓄时，你的退休生活就会过得越舒适。如果你在二三十岁的时候就开始疯狂积蓄，可以避免这种终生被动的财务状况。以下列举的不过是及早动手储蓄的几条好处而已。

每月完全依靠工资的日子不好过，时时要为应对下一笔大的支出发愁。理财专家的建议是，在年轻时把这个问题解决掉。

如果你在二十多岁和三十多岁时攒下了相当大一笔钱，在用钱方面就有了很大的回旋余地。不错，步入不惑之年后你可以缩减养老金的储蓄，而用手中的现金再购置一所房子，参加更奢华的旅游度假活动，或是对子女予以资金上的支持。但是如果你继续积极储蓄，在五十多岁时就能退休了。

对于怎样的投资组合能积累其足够保障的养老金，可能每个人的计划和使用的工具都不一样。但两个原则要应该遵循，一是长期稳健投资，二是合理分配组合。比较适合用于养老计划的理财工具包括银行储蓄、国债（期限越长，利率风险越大）、信誉等级高的企业债、分红型养老保险、收益型股票（每年都有较为稳定的现金分红，目前国内股市还没有真正意义上的收益股票）、开放式基金（尽量选择稳健型的，风险较小）、价位适中的商品房、低风险的信托产品（信托的风险与收益率成正比）等。

有人说，复利是世界上最伟大的奇迹之一，这句话是否言过其实姑且不论，但由于复利力量的存在，使得每一个人都有可能积聚起雄厚的养老基金。

养老应该是个长期的规划，而不是只凭一时的冲动，更不是说你到晚年的时候说想要就可以要的。相反，为养老做准备，让你的晚年生活有所保障，需要的是长期的投资，需要的是细水长流的支出来积累。在这样的过程中同样需要人们在年轻的时候就为其做好理财投资，要知道今天所付出的一分一毫的价值都会体现在晚年的生活中。

因此，对任何一个为建立自己的尊严晚年而理财的人而言，时间非常宝贵，越早理财，越能提前实现自己的梦想，积聚到足够的养老金。

10　犹太人的投资理财课

富过三代的秘密

　　犹太民族是世界上最富有的民族之一，犹太人是世界上最会赚钱的人，但对他们来说，聪明的头脑并不是获得财富的唯一原因，他们的财富是靠着他们的智慧得到的。犹太人的智慧是合成产物。正因为他们身上具备诸多的优秀因子，所以他们在商界一直属于一枝独秀，成就了一个又一个财富神话。

对钱保持一颗平常心

犹太拉比在课堂上这样对学生说：经商思想是非常自由的，只要不违法，没有什么生意不可以做，没有什么钱不可以赚。金钱只有"辛苦钱"和"便宜钱"之别，并没有"干净"和"肮脏"之分。

一位无神论者来看望拉比。

"拉比，您好！"无神论者说。

"您好。"拉比回礼说。

无神论者拿出一个金币给拉比，他二话没说装进了口袋里。

"你想让我帮你做什么事呢？"拉比问，"也许你的妻子不能够生育，你想让我帮她祈祷。"

"不是的，拉比，我到现在为止还是一个人。"无神论者回答。

可是他又给了拉比一个金币，拉比二话没说就又装进了口袋。

"但是你总是有些事情想问我吧，"他说，"也许你犯下罪行，希望上帝能饶恕你。"

"不是，拉比，我一直安分守己，没有犯过任何罪行。"无神论者再次回答。

他又一次给拉比一个金币，拉比还是一句话没说又一次装进了口袋。

"也许你的生意不好，没有赚到大笔的金钱，希望我为你祈福。"拉比期待地问。

"不是，拉比，我从没有像今年这样赚如此多的钱。"无神论者回答。

奇怪的是，他又给了拉比一个金币。

"那你到底想让我干什么呢？"拉比迷惑地问。

"什么事都不干，真的什么事都不干，"无神论者回答，"我只是想看看一个人什么都不干，只拿钱能维持多长时间！"

"钱就是钱，不是别的东西。"拉比回答道："我拿着钱就像拿着一块石头、一张纸一样。"

以钱为生，这是每个犹太人朴素而又自然的生活方式。

在商业社会中，人成功的标志和自身价值的实现，更多的是依靠财富的多少来衡量。犹太人更是此中的佼佼者。犹太父母经常教育自己的孩子说：要对钱保持一颗平常心，甚至把它视为一块石头、一张纸、一件再平常不过的东西。这样我们尽管孜孜以求地去获取它，但当失去它的时候，也不会痛不欲生。正是这种平常之心，使犹太人在惊涛骇浪的商海中临乱不慌，驰骋自如，更易取得最终的胜利。

无论在过去还是当代，即使在最艰难的二战时期，犹太人也从未放弃过对金钱的追求。当然，犹太人也不讳言金钱的消极功能，不可否认许多人为了金钱会做出危害社会、危害他人的违背道德甚至违法乱纪的事情来。但是犹太人认为：以金钱作为基础的现代文明，其福祉远远大于弊端。金钱能够改变一个人的地位，但却改变不了一个人精神上的贫困。

犹太人的思想是充实的，他们从来都只是把金钱看作一种手段而并不是命运的载体。尽管他们把金钱奉为世俗的万能的上帝，但他们并没有在金钱面前俯首称臣，成为金钱的奴隶。

把小钱放在眼中

犹太商人爱用一个比喻：用没底的水桶去装水，水并不会完全漏空，至少桶壁上还可以剩下一些。用桶积存滴水一样的方法来存钱，同样有望变成富翁。

一个名叫丽莎的犹太理财专家在书中写道：

"很多人都会为自己的低收入而抱怨，断定自己是不能成为富翁的。一旦存在这种想法，即使这个人以后的收入很多，也永远不可能成为富翁。因为他们根本没把小钱放在眼里，也不懂得水滴石穿的道理。

愈有钱的人越抠门，而穷人常会穷大方，可是我们应该想到，如果富翁没有吝啬的精神，也就不可能成为富翁了。抱有得过且过之心来对待自己的财富，是个人理财过程中最普遍的障碍，也是导致有些人退休时经济仍无法自立的主要原因。许多人对于理财抱着得过且过的态度，总认为随着年纪的增长，财富也会逐渐成长。等到他们意识到理财的重要性并开始想理财时，为时已晚了。

很多年轻人总认为理财是中年人的事，或有钱人的事，到了老年再理财还不迟。其实，理财致富，与金钱的多寡关联性很小，而理财与时间长短之关联性却相当大。人到了中年面临退休，手中有点闲钱，才想到要为自己退休后的经济来源做准备，此时却为时已晚。原因是，时间不够长，无法让小钱变大钱，因为那至少需要二三十年以上的时间。10年的时间仍无法使小钱变大钱，可见理财只经过10年的时间是不够的，非得有更长的时间，才有显著的效果。既然知道投资理财致富，需要投资在高报酬率的资产，并经过漫长的时间作用，那么我们应该知道，除了充实投资知识与技能外，更重要的就是即时的理财行动。理财活动应越早开始越好，并培养持之以恒、长期等待的耐心。

不要再以未来价格走势不明确为借口，而延后你的理财计划，又有谁能事前知道房地产与股票何时开始上涨呢？每次价格巨幅上涨，人们事后总是悔不当初。价格开始起涨前，没有任何征兆，也没有人会敲锣打鼓来通知你。对于这种短期无法预测，长期具有高预期报酬率之投资，最安全的投资策略是——先投资后，再等待机会，而不是等待机会再投资。

人人都说投资理财不容易，必须懂得掌握时机，还要具备财务知识，总之要万事俱全才能开始投资理财，这样的理财才能成功。事实上并不尽然，其实，许多平凡人都能够靠理财致富，投资理财与你的学问、智慧、技术、预测能力无关，也和你所下的功夫不相干。归根结底，完全看你是不是能做到投资理财该做的事。做对的人不一定很有学问，也不一定懂得技术，他可能很平凡，却能致富，这就是投资理财的特色。一个人只要做得对，则不但可以利用投资而成为富人，而且过程也会轻松愉快。因此，投资理财不需要天才，不需要什么专门知识，只要肯运用常识，并能身体力行，必有所成。因此投资人根本不需要依赖专家，只要拥有正确的理财观，你可能比专家赚得更多。

　　这位犹太理财专家说得对。投资理财没什么技巧，最重要的是观念，观念正确就会赢。每一个理财致富的人，只不过是养成一般人不喜欢，且无法做到的习惯而已。

有钱不赚无异于犯罪

犹太民族是一个世界性的民族，不管什么国家，只要有利可图，他们都照样与之做生意。1921年，23岁的美籍犹太人哈默到苏联访问，他看到了苏联的饥荒和病疫，也看到了苏联的巨大财富。他以易货贸易的形式为苏联人购买了100万美元的小麦。因为此事，列宁特意接见了他，两人建立起良好的私人关系。随后，在列宁制定新经济政策时，哈默还为他提供了许多帮助。从此，哈默在苏联的生意一帆风顺。他在莫斯科度过了将近10年，成为亿万富翁，同时他也用自己的努力支持了年轻的苏维埃政权。

当时许多西方国家都将苏联视为洪水猛兽，只有哈默独辟蹊径、胆大包天，结果在苏联发了大财，这正是集中体现了犹太人的金钱观和生意观。

犹太人认为赚钱是天经地义，最自然不过的事情。他们总是教育自己的孩子如果能赚到的钱不去赚，那简直就是犯罪，会遭到上帝的惩罚。正如犹太精英之一的卡尔·马克思所言："钱是以色列人的嫉妒之神；在他面前，一切神都要退位。"为了钱，追求钱，犹太商人的人生目标简单直接，清晰明确，这对在金钱上获得成功极有助益。

犹太人爱钱，但从来不隐瞒自己爱钱的天性。所以人们在指责其嗜钱如命、贪婪成性的同时，又深深折服于犹太人在钱面前的坦荡无邪。犹太儿童从小就知道，只要认为是可行的赚法，犹太人就一定要赚，赚钱天然合理，赚到钱才算是聪明。这正是犹太人经商智慧的高明之处。

犹太商人赚钱强调以智取胜。犹太人教育孩子说，金钱和智慧两者中，智慧比金钱重要，因为智慧是能赚到钱的智慧，也就是说，能赚钱的智慧才是真智慧。这样一来，金钱成为智慧的尺度，智慧只有化入金钱中，才是活的智慧；钱只有化入智慧之后，才是活的钱。基于这样的观点，在犹太人看来，即使是一个知识十分渊博的哲学家或学者，如果赚不到钱，那么学者的智慧也只是假智慧、死智慧；真正有智慧的人是既有学识又会赚钱的人，所以犹太人不会赞美一个家徒四壁的饱学之士。

在别人看来是无可借助的条件下，犹太商人也能顺顺当当地赚到钱。因为犹太商人在赚钱时，对于所借助的东西，是从不存在一点儿感情的。只要有利可图，且不违反法律，万物都是可以拿来用的。

犹太人爱钱，尽管他们唯利是图，却不赞成不择手段的拜金主义，所以在犹太商人中拜金主义极少，他们之中大部分人都遵守赚钱的游戏规则。只要是赚钱，他们不会与任何一次机会失之交臂。

犹太人认为，商人追逐利益，这是没有任何错误的。它是一个商人的天职，就像一个将军带领军队打仗，其目的就是要打垮对方的军队。商人把我们需要的一切东西提供给我们，并且通过这种交换行为得到自己所需要的金钱，这是一种利益交换的行为。如果经商不把赚钱放在第一位，就等于我们认同勤劳、智慧和勇敢等一切美德毫无价值。

以色列有个小工厂主，一生为追求金钱奔波。公司利润在他的带领下，每年以几何倍数增长，经济效益出奇的好。但是他的身后落下一个非常不好的骂名，说他爱财如命，说他为了金钱可以不择手段，甚至有人公开宣讲他是一个赚钱的工具。很少有人理解他，但他没有后悔，他知道，自己所做的一切都是在尽一个商人的本分。商人的天职就是赚钱，没有任何疑问地赚钱。如果自己为了一点私欲或一些丝丝不忍而不能尽这个责任，那自己就愧对商人这个名号。

在临死前，他把儿子叫到自己床边，摸摸他的头说："在所有人的眼里，我只是一个会赚钱的工具，但是他们不知道我内心的充实。人的一生可以有很多方式度过，在这短短的几十年里，如何把自己的生活填充得更加饱满，需要我们有明确的努力目标并坚强地为之拼搏奋斗。经过这么多年，我已经深深爱上了经商这份工作。其实，这也是一种生活，看着金钱越来越多，我充满了成就感，而为之付出的努力则让我的生活更加充实，这其中的酸甜苦辣都是生活的佐料，我喜欢它。经商赚钱是我们犹太人天经地义的事，但是如何把经商变成自己的生活则是一种高度。我为自己的一生感到骄傲，丝毫也不曾后悔过。"

他小小的儿子无法理解他的话，但是站在床前的亲友们都受到了极大的震撼。这不仅是一个临终老人的遗言，更是一位犹太商人生命的真谛。

犹太人常对自己的孩子说："商场如战场"。在战场上，从来都是以成败论英雄的，而在商场这个特殊的战场，成败的关键就是把对手的钱变成自己的钱，把大众的钱变成自己的钱。

不光会赚钱还要会花钱

卡恩站在百货公司的前面，目不暇接地看着形形色色的商品，他身旁有一位穿戴很体面的犹太绅士，站在那里抽着雪茄。

卡恩恭恭敬敬地对绅士说：

"您的雪茄很香，好像不便宜吧？"

"2美元一支。"

"好家伙……您一天抽多少支呀？"

"10支。"

"天哪！您抽多久了？"

"40年前就抽上了。"

"什么，您仔细算算，要是不抽烟的话，那些钱就足够买下这幢百货公司了。"

"那么说，您不抽烟？"

"我不抽烟。"

"那么，您买下这幢百货公司了吗？"

"没有。"

"告诉您，这一幢百货公司就是我的。"

谁也不能说卡恩不聪明，因为第一，他账算得很快，一下子就计算出每支2美元的雪茄每天抽10支，40年下来的钱就可以买一幢百货公司。第二，他很懂勤俭持家、由小到大积累的道理，并且身体力行，从来没有抽过2美元一支的雪茄。但谁也不能说卡恩有活的智慧，因为他不抽雪茄也没有省下可以买百货公司的钱。卡恩的智慧是死智慧，绅士的智慧才是活智慧，钱是靠钱生出来的，不是靠克扣自己攒下来的。

犹太人不赞成过分地节俭，《塔木德》说："当富人没有机会买东西的时候，他会自认为是个贫穷的人。"如果自己拥有了金钱，却守着它们不松动，把它们紧紧地攥在自己的手里不花，是愚蠢的，更是贫穷的。有钱不能花，不正是穷人的表现吗？所以一个真正的富人，不光会赚钱，更会花钱。

因此，犹太人对自己的生活要求有一种很高的品位，他们喜欢豪华的居所，精美的食物和名贵的车辆，因为只有这样才配得上自己所赚取的财富和自己高贵的地位。

犹太人的节俭精神与他们享受生活并不矛盾。在犹太人看来，为了赚取更多的利润，就必须节约不必要的资金。但犹太人也同样认识到赚取财富是为了更好的生活。他们认为如果赚了钱不用来花，那赚钱对他们来说毫无意义，那样做只会降低自己对赚钱的兴趣。

犹太人在日常生活中，买自己喜欢的东西，并愿意为这样的享受付出金钱。在纽约这样的大城市，经常可以在晚上看到在装饰豪华的中国餐馆和意大利餐厅，坐着颇有绅士风度的犹太人，他们和家人、朋友一边吃着精美的食品、一边亲密地交谈，那惬意的神态让人羡慕不已。他们毫不吝啬地把白天赚来的钱花出去。通常可以为了一顿精美的晚餐而一掷千金。为了享受他们是愿意花钱的。

为了钱，追求钱，犹太商人的人生目标简单直截，清晰明确。这对在赚钱上取得成功极有助益。

要零花钱就必须好好干活

犹太人认为，勤勉或懒惰很少来自一个人的本性，很少有人一生下来就是辛勤的工作者，也很少有人是天生的懒惰虫，而大多数人的勤勉或懒惰都是习惯所致。此外，孩童时期的家庭环境以及所受的教育，也都有很大的影响。

勤勉有两种：一种是外力强迫的勤勉，另一种是自愿的勤勉。

在贫穷时代里，犹太人为了生活，咬紧牙关辛勤工作，在非常恶劣的环境中，长时间地从事体力劳动，因为如果不这样的话，便无法维持生活。

这是一种很让人不情愿的勤勉，唯有自觉的勤勉才能真正长久地坚持下去，成为一种良好的习惯。

因而在犹太人的家庭里，犹太人的父母很注意培养子女的这种勤勉，比如父母们经常会给他们的小孩一份清单：

"吉米拖地15美分，收拾好自己的床铺10美分，清除花园的杂草20美分。"

"玛丽插花10美分，洗碗10美分，收拾房间30美分。"

父母告诉孩子们这就是他们的零花钱。要零花钱就必须自己好好干活，不然就不能得到他想要的零花钱。如果他想得到更多的零花钱，那他就只有在家里干更多的活，父母不会随便地给他们钱，目的就是鼓励他们多干活。

犹太父母们这样做的意图很明显，就是要孩子们知道只有努力干活才可以得到收获，而懒惰的人是什么也得不到的。这样，等到这些孩子长大了，大多都能勤奋工作。

因而，犹太民族的勤勉和任劳任怨的程度是其他民族的人少见的，犹太人里有不少是"工作狂"，他们的敬业精神让其他民族的人敬服。

实际上，所有人要想获得成功，必须经过超人的顽强奋斗，一般性的奋斗是很难成功的。

犹太民族是世界上最努力的民族，犹太人似乎是一群从来不知道疲倦的辛苦工作的人，他们可以在长期的工作中忍辱负重地工作而没有丝毫的怨言。在犹太巨富的身上人们可以看到，他们一般都可以长期默默地埋头工作而不为外人所知晓，人们似乎早已经忘记了他们，而他们也似乎和这个世界没有任何关系，然而有这么一天，他们却获得了意外的巨大成功。人们不能不为这些勤劳的人感到骄傲。

11 巴比伦富翁的理财课

实现财务自由的七条守则

金融学把一个人的收入划分为工作性收入和资产性收入两部分。工作性收入也叫主动收入，其特点是你必须主动争取才能挣到钱。而存款的利息、房屋的租金、股权的红利等，这些都属于资产性收入，特点是无论你身在何处所做何事，这些收入都在源源不断地替你赚钱。拥有资产性收入是实现财务自由的首先条件。而一个依靠工作性收入来养家糊口的人，怎样才能拥有资产性收入呢？

这个问题也曾困扰几千年前的巴比伦国王。他向当时的国家首富阿卡德请教这个问题，并邀请他举办研修班来传授他的致富思想，因此留下了广为流传的致富七条守则。

守则一：先设法塞满你的钱袋

第一节课上，埃及著名学者阿卡德问学生："我的朋友，你的职业是什么？"

那位先生答道："我是个泥版刻写员。"

阿卡德说："一开始的时候，我也是干这个的。我就是凭借那份同样的工作赚到第一个铜钱的，因此，你们变富有的机会，跟我是一样的。"

阿卡德看到有一位先生气色红润，坐得比较靠后，遂问他："请你也说说自己谋生的职业，好吗？"

那位先生说："我是个屠夫。先宰割从畜农那里买来的山羊，然后向家庭主妇出售羊肉，向鞋匠出售羊皮，让他去做凉鞋。"

阿卡德说："你成功的优势比我当初大，因为你不但有自己的劳力付出，而且有中转获利的便利。"

在场者的职业被阿卡德问了个遍。问完最后一个，他说："你们现在应该看出来了吧，赚钱的方式，无论贸易或劳动，都有许多种。每一种都是一个管道，把劳动者的劳力转换成的金子流入他的腰包。因此，每个人本事的大小，决定流入其腰包金子的多少，是不是这样？"

学员们无不赞同。

阿卡德继续道："那么，利用已经拥有的收入开始建立自己的财富，是一个聪明的做法，对不对？"

学员们无不赞同。

阿卡德转过身问一个看着不起眼的人："如果你找到一个篮子，每天早晨放进十个鸡蛋，晚上拿走九个，天长日久，结果会是怎样？"那人在前面已经说过自己是经营鸡蛋的。

"篮子迟早会装满鸡蛋的。"

"为什么呢？"

"如果我每天那样往篮子放进和拿出鸡蛋，会有一个鸡蛋留在篮子里。"

阿卡德转向全班，面带笑容地说道："你们可有谁的钱袋是瘪的？"

一听这话，这些学生都笑了起来，然后都纷纷挥动自己的钱袋，开起玩笑了。阿卡德接着说：听我说，你们应该按照我给蛋商的建议去做，这就是我告诉你们的第一个脱贫守则。想让你们的钱袋快速鼓起来，那么，你们每往钱袋里放入十个硬币，最多只能花掉其中九个。你抓钱袋的感觉，会因它的加重而变得美妙。你的灵魂也会因此有充实感。

我说的这些话，听起来是非常简单的，但你们不能讥笑。这是我之前允诺要传授给你们的致富之路的第一步。我的腰包，过去跟你们一样也是瘪的，里面没有钱，我就无法满足我的许多欲望，这一切令我恼恨。但是，我的腰包最后鼓起来了，那就是我坚持放进十个硬币并只花九个的结果。你们这样做的话，腰包必定也会鼓起来。

我现在要告诉你们一个极为奇妙的真理：比起以前，我生活的舒适度，并没有因我的支出总是少于十分之九的收入而下降，没过多久，我反而可以更轻松地积攒铜钱了。我简直想不明白，这个道理为何会如此奇妙。不得不承认，这个道理也许是诸神赐给人的规定吧：金子只会更容易流入那些部分支出其储蓄的人的家门，而不是全部支出者。为何也不会流入钱袋空空的人手里？其中的道理是一样的啊！

两种结果，你们最希望自己是哪一种呢？能够享用珍珠、宝石、华服和美食，恣意进行物质享受，难道不正是你们每天期望得到的满足吗？当然，切实拥有财产、黄金、土地、牛羊群、商品和回报丰厚的投资，也是你们所期盼的。满足前一项的，是你从钱袋里取出的那些铜板，而满足后一项的，是你存入的那些。

在场诸位，"最多花掉每收入十个铜板中的九个"，这就是我发现的让钱袋鼓起来的第一招。你们现在可以互相讨论了，我乐意听到任何人反驳我，如果他能够证明这话没有道理的话。不过要等到明早的课堂上。

守则二：合理控制你的开销

第二天，阿卡德接着讲述。他说："如果一个人的收入尚且不能支付日常开销，又怎么能存下十分之一呢？这是某个学生向我提出的问题，为此我要问大家，昨天你们多少人的钱袋空无一物？"

"所有人。"全班异口同声答道。

阿卡德说：

但是，你们每个人都有不等于其他人的收入额。有的人能比他人赚更多的钱，而有的人可能要养活很多家人。然而，钱囊空空是你们的共同点。关于人类有一个真理，我现在就要告诉你们：我们的"必要支出"等于我们的收入。如果你不是有意反其道而行，那么这一观点永远成立。

你的必要开销，不同于你的欲望。你们的工资，永远无法满足你们和你们家人的欲望。如果满足这些欲望正是你赚取钱财的目的，那么，你将耗尽所有钱财，可是那样也无法满足你。

所有人都有无数欲望，那不是他们能够满足的。在你们看来，我肯定能够满足自己的所有欲望了吧，毕竟我这么富有。告诉你们，那完全错了！时间、精力、旅游路程、食物、可享受的乐趣，这些东西对我来说都是有限的。

一个不小心，野草就会抓住农夫留下的空地萌生并极速生长，同理，欲望也会抓住你们预留的空间而极度膨胀。人有数不尽的欲望，只有寥寥几个能得到满足。

你应该对你的生活习惯进行一番精细的分析。你可能会发现，有些开销完全是可以删减的，尽管当初你认为是理所当然的。你不妨把"钱要花在刀刃上"这样的话作为自己的座右铭，你支出的每一分钱都应发挥它的全部价值。

因此，你要把每件你迫切想要花钱享受的事刻在泥版上。你钱袋里十分之九的钱，应该用于支付你选出来的确实必要的事。而其他不必要的，都可以删除；不能惯着这些欲望，要认为它们在无数欲望中是不起眼的，否则你将得到灾难性的后果和无穷的后悔。

你接下来要做的是计划好那些必要的支出。你的钱袋正在因那笔十分之一的存款鼓起来，千万不要轻易花费它们。储蓄可以极大地满足你，你时刻都要实践着它。为了更好地理财，你随时都可以作出和调整预算，但是，保持那正鼓起来的腰包，永远是首要任务。

一位学生此时站起来发问，他的袍子间杂着金色和红色："预算不能管制我；我该花多少钱，我要在什么地方花钱，不应由预算说了算。因为我没有必要从事工作，我相信，对人生各种美好事物的享受，就是我的权利。在我的印象中，我的许多人生乐趣，将因作出预算而消失，我会感觉背着重担，跟一头驴没有差别。"

阿卡德答道："我的朋友，你预算的决定者是谁？"

"我自己啊。"

阿卡德说：你把预算者比喻成一头负重的驴，那么，珠宝、地毯和沉重的金条也包含在它的预算范围内吗？不是那样的。只有从沙漠驮回来的稻草、谷粮和大水袋这些东西，才会被它纳入考虑范围。

使自己的腰包饱满，才是做预算的目的。有了预算，你仍然可以进行日常的必要享受，同时也能让你满足其他欲望，而且，那是在你能力范围之内完成的。预算的好处在于，帮助你把感觉最迫切的、你所看重的欲望变成现实，而且，就算突然冒出其他愿望，也不会使这些欲望落空。预算如同是一盏明灯，就像照亮黑暗中的洞穴一样照亮你腰包的漏洞。见到漏洞，你就可以堵住了，放纵某些欲望而挥霍钱财的事情，你也就不会再去做了。

脱贫致富的第二条守则就是为你的支出作预算。用以支付和满足必要开销、其他享受和值得的欲望的足够钱财，有了预算就成为可能，而且，这些是在你的花费低于十分之九的限制条件下完成的。

守则三：让自己的金子持续生长

第三天，阿卡德讲解道：

现在，你们已经能够管住自己，坚持存下十分之一的收入，并能够为了守护增加中的财富而控制支出——看吧！你们的腰包已经越来越鼓了。如何让财富自己为我们生出财富，是我们接下来要讨论的问题；当然，我们也要思考增加财富的秘诀。装满金子的钱袋有什么意义呢？它只是让一个吝啬鬼的灵魂满意而已。我们储存收入的金子，只是第一步。我们财富的养成，靠的是这些金子本身赚来的钱。

那么，问题就在于如何让这些储蓄为我们所用。我的第一次投资全部打水漂了，过后我会讲述这个悲惨事故的。当我把钱借给一个名叫艾吉尔的盾匠时，我在投资上才开始第一次获利。他是做铜的生意的，每年都要买入几艘船那么多的铜，铜是从海外运来的。他为什么向有余钱的人借钱呢？就是因为他没有那么多钱买铜啊。他最终会卖掉铜制品，而且一定会偿还本息给借钱给他的人。他为人是诚实的。

我拥有了更多的资本，不仅如此，附加在资本上的钱也在持续增长，因为我每次借钱都能从他那里收取利息。所有这些钱，最后都回到我的腰包里，这无疑是最让人兴奋的。

你们要记住，钱袋里铜板的数量，不能决定一个人财富的多寡。一个人的财富，取决于他积攒收入的多少，取决于他的腰包是否饱满和是否有钱财不断流入。你们以及世上每个人，无不渴望你的腰包在不断汇入金钱，而且工作或旅行都不会造成影响。

我的财富已经够多了，称我为富翁并不过分。我在投资上第一次获利并得到智慧，就是从借钱给艾吉尔的经历开始的。随后，我的财富一直在增长，同时，借款和投资金额也越来越多。能够向我借钱的人，也从开始的几个逐渐增多。我的钱袋总是在持续进账，因此我相信，这么理财是明智的。

看！我的收入本来是少得可怜的，我却积攒出了一堆黄金。它们是我的奴隶，全部都为我所用，为我生产了更多黄金。帮我挣钱的，还有这些金子的子子孙孙。因此，我的钱库总是满的。

有一个农夫，在他的第一个儿子出生之后，把十块银钱拿到一位钱庄老板那里。老板是经营贷款业务的，农夫要求老板在他儿子不满十二岁之前一直替他放款，还要求把一切所得利息都滚入本金，因为所有的钱都是为儿子准备的。其实，老板原先答应每四年返还百分之二十五的利息。

农夫在他儿子二十岁时候去索要这笔银钱，老板明确指出，那十块银钱现在已经变成了三十块五多了，因为其计算方式是本利共息。

农夫十分高兴，不过他再次把这笔钱托给钱庄去放款了，因为他儿子目前用不到。钱庄老板在农夫的这个儿子四十五岁时结算了所有钱款，因为农夫去世了。这笔银钱总共是一百二十三块多。

算一下，在这四十五年里，利息使这笔钱几乎增长到了原来的十二倍多！

合理的投资，会快速增加你的钱财。通过这个例子，你们应该明白这个道理了吧。

脱贫致富的第三条守则就是这样：让每一分钱繁衍出利息，以增加你的所得，使你的腰包一直有进账，就像作物在农田积聚一样。

守则四：防止财富的损失

第四天，阿卡德讲道：

灾祸喜欢降临到人头上，它向来都是这样。我们应该存下并守护小额的金子，因为如果不看护好，腰包里丢金子的情况可能随时发生；在老天没有把更多的金子赐给我们之前，要一直守护下去。

无数看似能够赚到更多钱的投资机会，可能会考验所有拥有金子的人。一般说来，此类投资可能是你的朋友及亲人特别期待的，他们也希望你参加进去，并热切地催促你。

如果你还没有确认向你借钱者的能力和信誉能够保证偿还，就不要把你的钱借给任何人。否则，借钱就可能变成无偿的送礼，那可是你煞费苦心的积蓄啊！如果你对一项投资的风险还没有达到透彻的了解，也不要把你的钱借给任何人去投资。

对作第一笔投资时的我来说，那投资的结果堪称悲惨。他是一名叫阿兹慕的砖匠，他的生意将跨越重重大洋前往提尔城，并许诺我说，他会买一些腓尼基的名贵珠宝，然后回来变卖，再跟我平分利润，于是我把一笔积蓄全部托付给了他。岂料他遇到了一批混蛋腓尼基人，他们竟然把酷似珠宝的玻璃卖给了他。那可是我整整一年积攒下来的钱啊，就这样全部打水漂了。不过，经过训练的我如今已经明白，把钱给砖匠去做珠宝生意，简直愚蠢之极；我已经在这一点上相当敏锐了。

我给你们的忠告是：从我的失败中吸取教训，不要自作聪明地让投资陷阱吞没你的财富。在这一方面，多多讨教经验丰富的人是保险的。你可以无偿听取此类专业忠告。你收获回报的速度可能会很快，而且其数量与你期望中的利润相等。事实上，使你免遭损失才是这些忠告的真正益处。

总之，对于你的财富，一要保持，二要避免损失。如果要投资，只作安全的投资，或是作可以随时取回资本的投资，或是不至于收不到合理利息的投资。脱贫致富的第四守则就是这样，它因能够鼓起并维持你的钱袋而十分重要。

你们跟有智慧的人商量，他们所给的理财良言，你们要谨慎地遵守。有了他们的智慧，你的财富会得到良好的保护，危险投资会被隔离。你要听从他们。

守则五：寻找能够获利的投资

第五天，阿卡德继续讲述：

一个人，如果能够为了生活和人生享受而支出十分之九的收入，并无损于生活质量地花掉另外十分之一的每一分钱去投资，其财富增长的速度就会加快。

绝大多数的巴比伦男人要向地主交房租；养花可以满足其趣味，可他们的妻子找不到多余的地方；他们的孩子们想做游戏，也找不到空地，非要玩耍，只好在又脏又乱的巷子里进行——他们承担着沉重的养家糊口的责任。

所谓生活的享受，要求有一大片干净的土地。孩子们的玩耍，妇女们对花的收拾和养护，都需要这样的一片土地。甚至家人要吃蔬菜，也要有一片地可以种。

我想向所有人提议，你们应该拥有自己的房子。那样一来，男人们吃着自己家里长出来的无花果和葡萄，心里全是愉悦。属于自己的住处和甘愿养活的家，也是每个男人都期望拥有的。他的自信就是在这种拥有中建立起来的，并且，这会激发出他潜在的无穷努力。任何人都可以实现拥有大房子的愿望，只要他对此抱有热切期望。而且，你们现在可以买到合理价位的土地，因为我们的国王太伟大了，他一直在扩大巴比伦城墙的外廓，这使得许多有待开发的土地变成了内城。

同时，如果你们想为自己置办房屋和土地，做贷款生意的钱庄将非常乐意借钱给你们。这一点我必须让你们知道，还有，如果你能明确指出购房所需预算，借到钱并付钱给建造房屋的砖匠和建筑商，就不是什么难事。

房子一完工，就是你自己的了。在过去，你把房租交给地主，而现在是付给钱庄老板，而且是分期付款，你所欠下的债务，会随着每次支付逐渐减少，全部还清只需几年。

那样一来，你就拥有看得见的有价财产了，向国王缴税便成了你的唯一负担。因此，你一定会收获极大的快乐。对你太太来说，经常去河边洗漂亮袍子和浇花浇菜，也就变成可能的了。从河边回来时，她完全可以顺带捎一羊皮袋水。更多祝福会降临到拥有自己房子的男人的头上。其生活成本远没有以前高了，在其他人生乐趣上，他也有更多闲钱去享受了，他的许多欲望也可以得到满足了。

要拥有自己的房子，这就属于脱贫致富的第五条守则。

守则六：提前为未来生活做准备

第六天，阿卡德对学生们说：

生活是每个人一辈子都要面对的，排除半路夭折的情况，每个人都要走过一生。因此，为了自己的暮年，为了自己死后家人的生活，每个人都要预备下足够多的钱。今天带给同学们的课题是：这样的预备如何在尚不具备很强赚钱能力时做出。

人如果通晓了理财的方法，就能够以此聚集财富，也应该考虑到他的未来。他应该确保将来在经济上没有困难，亦即早早预备一笔钱以备年老之需，为此他须确立某些投资计划或产业。

一个人有许多保障将来生活的方法。我不赞成秘密地把财富藏于某个隐秘之地的地下。当然可以那么做，其方式也许会很高明，但再怎么高明，盗贼都技高一筹。

在养老的准备上，一个人不妨买下几处房产或地产。如果选对了，它们在将来大有价值和用途，那么，它们的价值和利润将永不消失；养老就不在话下了，因为如果卖掉它们，绝对价格不菲，如果用于出租，则会有源源不断的租金收入。他如果有几笔小钱，可以先在钱庄上压上一笔，并定期增加。这笔本钱和利润将增加很多，因为钱庄老板会给他利息。

一个名叫埃善的鞋匠对我说，他近八年里每个星期都在钱庄存两块银钱的定期，每年的利息是百分之二十五，不久前结算时，他总共得到一千零四十块银钱，这个结果让他非常开心。我也替他高兴。我还算掌握了一些算术，就进一步鼓励他说：如果你继续每周在钱庄存放两块银钱，那么二十年后的本息总共是四千块银钱，有了它们，你这辈子都不用再发愁了。

在这一点上，我要讲解得再深入一点。无数人在平日里定期存钱，其数目是很小的，但聚集起来就会相当庞大，用来确保一个人死后其家人的无忧生活，将绰绰有余。我相信，这样一套保险计划在未来某天总会被某个智者发明出来。这个计划非常高明，我愿意全力推荐。但是现今，这不可能被实行，因为这种有计划的缴费，运作的时间必然会超过在座任何人的寿命。

我相信，这样的计划必定会在未来某一天问世。哪怕最初的钱数特别小，积聚到有的家里有人去世时也会变成大笔钱财，供剩下全家人吃穿用度。因此，世人必将蒙受此计划的福祉。

然而，我们毕竟是活在现在，因此任何一种有利的方法，我们都要加以利用。我给大家一个建议：现在就为了防范暮年的经济困难而多想办法。无论是一个丧失赚钱能力的男人，还是因家长已故而无法赚钱的人，如果身无分文，那将十分悲惨。

事先为自己的暮年和家人的生活做好准备，这就是第六条脱贫致富的守则。

守则七：让自己更有能力赚钱

第七天，阿卡德对学生说：

我今天将告诉你们的致富办法，是效果最好的一个。然而，我不会在黄金问题上多作谈论，而是要谈一谈在座的各位。我要告诉你们有关几个人的思想方式和生活方式的例子，他们在工作上，或者是成功者，或者是失败者。

我不久前接待了一个年轻人，他是来向我借钱的，而我发现并告诉他，他几乎没有偿还债务的能力。因为当我问他为了什么借钱时，他在入不敷出的现状上发起了牢骚。他哪里还有可供还贷的余钱！

我对他说："年轻人，自己去赚更多钱才是你需要做的。你要让自己更有能力赚钱，对此你可有什么想法？"他的回答是："我在两个月内向主人要求加薪要求了六次，但最后落空了。可那是我唯一能做的，在要求加薪的人里面，恐怕我是最勤快的了。"

他如此简单地处理事情，可能会遭到我们的嘲笑，但是，在增加收入这个问题上，他确实已经具备了关键条件。他的这个条件就是心里赚更多钱的强烈愿望，而且，这愿望是正当的，也是明智的。

这一渴望是致富的先决条件。你非得拥有极其强烈和明白的愿望不可，一般愿望则显得苍白无力。就算一直想着"希望我变成富翁"，那也不过是一个极为虚弱的目标。对他来说，拥有五块黄金的渴望是容易实现的，可如果能够在得到之后守住这五块黄金，找到获得十块黄金的类似方法，就显得轻而易举，他也会有办法获得更多黄金，二十块、三十块乃至一千块——他的富翁梦，那时不就实现了吗？对一个个小而明确的愿望的实现，也是对赚更多钱的能力的训练；从小数目开始，赚一点就会赚更多，财富就是这样逐渐累积的。

一个人的欲望，一定要单一且明确，而势必无法满足的欲望，则是太多太杂或在个人能力范围之外的欲望。

一个人的赚钱能力，是随着他职业水平的提高而提高的。

我当年的工作是刻泥版，每天只收入几个铜子，再卑微不过了。于是我就仔细观察，发现同事们无论是刻的件数还是工资都比我多，并很快发现了其中原因。我下定决心，非要超过所有同事不可。在这份工作上，我投入了更多的兴趣、精力和意志力。皇天不负有心人，最后我成功了，几乎没有人能够比我刻的泥版多。我在工作上已经非常灵巧了，付出也已收到了回报。我还用得着六次要求主人肯定我的工作能力吗？

可赚钱数是随着我们所获智慧的增多而增多的。在自己的职业技能上更多地研习，就能够获得更多报酬。一个工匠学习更多技巧和方法的对象，可以是同行中技艺第一流的前辈；律师或医生也可以向同行求教和交流心得体会；不断搜寻低成本的好产品，则是一个商人可以研习的内容。

每个热心工作的人，总想着自己的技巧能够变得更好，以给雇主提供更好的服务，而雇主是他们生活的财源。因此，改变和进步是每个行业的人始终都有的希求。因此，我强烈要求在座各位都争取最大的进步。自我裹足只会落在后面。

在理财方面有成功经验的人，之所以能够变得富有，有许多事情是关键。这些事情是：

（1）努力还债，为此拼尽全力，如果有的东西无力购买，那就不买。

（2）有关照家人的能力，每当被家人思及或提及，无数赞赏油然而生。

（3）为防一朝被诸神召回，及早立好遗嘱并适当分配自己的财产。

（4）怜悯并适度地帮助境遇悲惨的人，同时，全方位地为自己的亲人考虑。

以上这几件事，当是一个自重的人应该做的。

让自己拥有并提高赚钱的能力，研习并拥有智慧和技巧，还要时刻在行为上自重。这就是脱贫致富的第七条守则，也是最后一条守则。你若遵循此则，将充满自信，并为实现致富之梦而做出周到且可行的计划和安排。

后　记

国家的繁荣靠的是藏富于民。

作为个人如何成功理财，则是本书的主题。当我们的努力有所收获，就说明我们成功了。行动可能没有思想来得聪明，思想的高明可能也超不过理智，据此而言，做适当的准备是必要的，因为那是成功的钥匙。

本书是站在"巨人"肩膀上的，它汇集了全球多位投资大师的理财智慧。对于读者，本书能激励他们增加钱财的储蓄，同时本书也包含了如何积累财富，如何解决个人财务难题等理财启示。这些也都是读者热切关注的问题。

使一心求富者具备理财洞察力，在赚钱、存钱以及用钱生钱的问题上帮助他们，正是本书的宗旨。

读者如能通过本书产生新的财务愿望，本人将十分高兴；如能通过本书实现新的财务愿望，我们将荣幸之至！